MW01700839

What They Still Don't Teach You at Harvard Business School

by Mark H. McCormack

財經企管86

封面設計/吳毓奇

哈佛仍然學不到的經營策略

麥考梅克 著 劉毓玲 譯

作者簡介

麥考梅克（Mark H. McCormack）

畢業於耶魯法學院。一手創立國際管理羣顧問公司（International Management Group），結合運動、企業與媒體，他的影響力遍及休閒及運動界，在十九個國家中設有三十七家分公司。他深諳管理經營之道，爲企業界所推崇。其公司所代理的對象包括：高爾夫名將阿諾·帕瑪（Arnold Palmer）、溫布頓網球賽（Wimbledon）、諾貝爾基金會（The Nobel Foundation）等。其前一本暢銷著作「哈佛學不到的經營策略」轟動一時，在世界各地銷售百萬本以上。本書是他最新力作之一。

譯者簡介

劉毓玲

國立台灣大學畢業，美國德州奧斯汀大學企管碩士。為美國會計師，曾任職美孚公司財務分析部門，現任美國貝泰投資公司財務計畫經理。

譯序

劉毓玲

本書作者麥考梅克（Mark H. McCormack）在二十五年前以五百美元的資金起家，創立了嶄新的「運動管理促銷」多角化的經營企業。現今公司業務遍及全球，每年營業額將近十億美元。目前他是美國炙手可熱的企業家，也被體育畫報（*Sports Illustrated*）稱爲「體育界最有影響力的人」。

作者在本書內與讀者分享他二十五年來縱橫商場的經驗與心得。涵蓋的內容包括了：行銷出擊、談判高招、管理良方、發跡之路、時間企畫、溝通之道、效率出差以及創業祕訣。作者以多年豐富的閱人經驗、談判技巧、經營策略，坦白無諱地用真實的例子，一一闡述他的方法、原則與信念。全書的實例與心得，生動活潑，自然顯出功力純熟。

本書要與讀者分享的，是一種江湖的老到歷練；一種商場好手的能耐；一種真槍實彈的情形下，所能凸顯的實力。沒有花拳繡腿，沒有紙上談兵，每個章節的心得都是可運用在實際作業上的技巧。因而作者的建議隨手拈來，即可應用。

譯者將本書譯介出來，與讀者一起分享、一起受惠，誠爲極大的喜悅，並在此向協助編纂的朋友致謝。

目錄

前言

筆者在一九八四年撰寫「哈佛學不到的經營策略」一書，並不是要批評那些優秀的商學院，或是炫耀我二十五年來商場的輝煌戰果，而是提供企業生涯中，在學校裏學不到的實際經驗。筆者將這些個人的心得歸納整理，加上許多人對上一本書的意見，認爲有十條準則，是做爲一個能幹歷練的商場好手不可或缺的：

1.不可低估錢的重要

我很感謝我母親對我的教導。她讓我知道在乎錢並不是一件壞事。歸根結柢，大部分企業人士還是用錢來評論高下。

2.不可高估錢的價值

金錢絕對不是企業界裏惟一的籌碼。盡心做好一件工作，贏得他人的尊敬，或是白手起家的成就，都值得推崇。努力追求這些目標，同時也可見到利潤增長。

3.朋友永不嫌多

忠誠的朋友分享你的成功，與你一樣快樂。這樣的朋友是事業上最大的助力。即使在他處可能獲利更多，一般人在有所選擇時，還是寧可找朋友作事業上的夥伴。

4.不要怕說「我不知道」

不知爲不知，直言如是。不盡知天下事並沒有什麼不好意思。事實上，承認自己無知而請益他人，也是一種巧妙的恭維方式。我也常佯裝無知而發現別人究竟懂得多少。

5.言不必多

不說話的時候總不會說錯話。更重要的是，當你忙著講話的時候，你很可能無法掌握聽衆和情況隨時轉換的脈動。喋喋不休的雙脣使你最重要的兩個感官——眼和耳，淪於遲鈍。

6.信守承諾

不論允諾大小，言出必行，會使人印象極佳。相反地，言而無信的人違背了商場上的不成文規定，令人不滿。任何關係的開始都當基於信賴，而非猜疑。

7.個案處理

有的交易需要百般呵護，有的卻要快速成章。分析不同的特點，因時應變，不要有先入爲主的成見。

8.注重品質

專心致志，做好手上的每一件工作。不管事情大或小，要當它是惟一要緊的事。與其草草了事，不如完全不做。

9.善待他人

對別人要常保敏感和善之心，倒不是如老生常談的所謂潦倒失意時，就會有人扶持；乃因這是最利己利人的陞遷之道。如果能體諒別人，你自然會知其所需，因時制宜，而且能避免尷尬的情況。在其他條件都不分軒輊時，親切誠懇便是致勝的關鍵。

10.不要居功不下

將成功與同儕分享。如果一定得吹噓自己多了不起，恐怕你也不怎麼高明。

以這些準則作基礎，再閱讀以下各章。不論順遂或困頓，採納書中成功的祕訣，每天實際應用，必能助你掌握先機，取得優勢。

第一章

行銷出擊

有些銷售人員似乎樣樣皆通。
促銷的方式讓人窮於應付，精疲力竭。
然而辯才無礙，口舌占上風，
只能讓顧客詞窮理盡，心生反彈。
優秀的銷售人員知道此法絕對不通。

每個行銷人員都有他們自己獨樹一格的行銷口號，這種情形在這一行裏相當普遍。有幾個流傳已久的口號是：

- 精通你的產品。
- 廣泛拜訪顧客。
- 向每個人推銷。
- 善於運用常識。

稍微做點修正，這口號就可以適用於今日快速緊湊、國際性的經濟環境。

1. 精通你的產品

比起只懂得自已的葫蘆裏賣些什麼膏藥，更重要的是：精通你這一行，通曉競爭者的情形。現今資訊的傳遞如此快速，不論顧客是買個烤麵包機，買輛車，或是買電腦主機，都覺得有必要到處看看，比較產品與行情。如果你精通你這一行所有的產品，提供比較與分析的服務，就已經先拔得頭籌，贏得顧客的信任和感激。

當然，你一定得對自已的產品有最大的信心，這是行銷人員與產品之間不可或缺的關係。

2. 廣泛拜訪顧客

這個建議原意甚佳，但是如果只盲目相信多多益善，那就錯了。好好考慮顧客的特質和拜訪的方式，才不會徒然浪費雙方的時間。

3.向每個人推銷

我很同意這一點，十之八九這是行得通的。要小心的是不要運用過度，顯得莽撞無禮，給人壓迫感。

4.善於運用常識

知道該用常識就是最佳的常識。有些人卻好像永遠也弄不清這一點。他們在星期五下午五點快下班時，才打電話給最重要的客戶，看不出對方興味索然而繼續喋喋不休；以爲自己每個念頭都值得推展，公諸於世，要人洗耳恭聽。

還有，愈是覺得一切順遂、成功在握時，愈須留意。我就眼見一位房地產經紀人怎樣弄砸了一件唾手可得的交易。

這位房地產經紀人帶了所有的文件，準備與一位公司的總裁簽約。洽商已近完成，總裁顯然已經同意，只要一個簽名，租約即成。或許是被興奮沖昏了頭，當時這位經紀人說起傻話來了。他談到不久前，他也與對方的競爭者簽好了租約。他開始極力頌揚競爭者的種種優點，如何聰明又有遠見，他的原意大概是恭維這位總裁，也是英雄所見略同，才租下同樣的地方吧。他這邊正興高采烈、滔滔不絕，那邊總裁卻站起身來謝謝他，回說他們不想立刻搬遷。在送驚訝錯愕的經紀人出門時，總裁說：「本人相信敝公司也極富遠見及創意，但卻不是亦步亦趨跟在競爭者後面得來的。」

這位經紀人只顧得意作成了一筆交易，而忘了顧及買方顧客的驕傲與自尊。

特優的行銷人才

一個好的行銷人員需要具備那些特質呢？

- 相信你的產品。
- 相信你自己。
- 調適合宜的步調。
- 具有幽默感。
- 要知道：顧客所說的不一定是心裏想要的。

具備這些基本的特質，再加上以下一些技巧，就容易成爲一個傑出的行銷人才了。

1. 重訪舊識

所謂八○／二○的原則，應用起來，就是有八○％的生意是從二○％的顧客那兒來的。滿意的老主顧當然比較容易再惠顧，這種例子在大小公司裏屢見不鮮。現有的老主顧是你最好的行銷對象。

這原則也適用於個人行銷。有一位紐約廿一世紀房地產公司（Century 21）的最佳經紀人，他三分之一的業績是由老顧客來的。他往往重新拜訪曾經向他購屋的老主顧，看看他們現在是否有屋待售。

2.漸進影響

對方如果對你經銷的事物有相當的愛好，推銷起來就比較得心應手。我多年來從事運動競賽節目的促銷，深知若能與對運動競賽有興趣的對象談話，作成生意就容易許多。但是如果對方起初缺乏共鳴，也可以嘗試漸進影響，讓他感染你的熱忱。

紐約有一位古董商人就深諳此道。在他聞名當地的宅邸裏，十五個房間內都陳設了各式各樣、琳瑯滿目的古董。有人進來，原本只要隨意瀏覽，他卻堅持作嚮導，領他們一間一間地走遍全屋。途中他對每一樣物品都提供有趣的解說：物品的出處，設計的巧思，甚至於他是怎麼樣在大拍賣時便宜標到的等等。對每件物品上標示的價格，他卻隻字不提。談得更深，你就更沈迷在他珍藏的美妙世界裏。

當他一間接著一間，領著訪客循原路出去時，每個人都忍不住要駐足停歇，買一兩樣這些忽然變成生活中不可或缺的擺設。

3.蜀中廖化

年輕的經理人才在國外的分公司裏比較容易施展長才。同樣地，行銷人員也比較容易在競爭較少的地區裏出人頭地。有些驚人的業績是在意想不到的小地方創造出來的。

在一個只有一萬八千人的康州小城，葉格（Michael Yeager）成爲頂尖的史坦威鋼琴代理商之一，便是因爲當地居民富有，而他又毫無其他競爭對象。以打高爾夫球做爲例子，對手弱，你當然容易得勝。也許這樣的勝利對高爾夫球賽來說沒有多大意思，但在商場上卻會讓你心滿意足。

4. 推陳出新

很多行銷人員風度翩翩、談吐得宜，給人極佳的第一印象。但是第二次會面時，他們還是只有一樣的老套，讓人覺得華而不實而無意親近。

優秀的行銷人員懂得每一次會面都是機會，一定要有些新發展。推銷汽車的，不會在顧客第二次上門時，又帶他去試車；所要談的是配備附件、如何貸款、舊車換新車等等。如果經銷的是大型電腦，不需再描繪諸般美景，或批評競爭者的產牌；所要準備的是一套成本的分析，並帶上一兩位講話條理清晰的工程師。

5. 以退為進

有時直言：「這恐怕不適合你的需要，我們以後看看再說。」會令人耳目一新。從長計議，暫時退卻比全速衝撞有時更易成功。顧客不單單會在你說：「我們先不看這個吧。」的時候信任你，也會在將來你推薦其他產品時，更容易接納你的意見。

6.耐心溝通

有人似乎樣樣精通，活像百科全書。這種人促銷的過程好像蘇格拉底式的對話或政治上的辯論，直到對方窮於應付，精疲力盡。

優秀的行銷人知道此法不通。辯才無礙，在口舌上占上風，並不會讓對方心服。顧客在詞窮理盡時，常覺懊惱喪氣，更不想談成什麼協議。

最好的辦法是，讓對方不知不覺中消除了異議。學著適應對方的看法；或等對方不再一味堅持；或是等下一次機會，在另一個場合，換個方式來溝通。

7.有始有終

達成協議後，不要神龍見首不見尾地就消失了。要繼續保持聯繫，看看產品有沒有如期交貨，服務品質是否優良。

行銷的準備——備忘錄五則

有些公司在做行銷準備時，天翻地覆有如一場絕地大反攻。做研究、趕報表、製幻燈片，在一片忙碌中，希望可以整理出一炮而紅的行銷點子。

花這些工夫準備當然好，只是在紛雜忙亂裏不要忘了一些要點，如以下五則：

1.行銷的目的為何？

有時做成一筆交易有它本身的價值，倒不一定要立即獲利。在策略上而言，某筆交易可讓你守住形勢，杜絕競爭者侵入地盤；或是可能創造未來長期利益；或是可以藉此打入新領域建立信譽，這些都值得進行。

2.方案夠精簡嗎？

好的構想不需長篇大論。曾有一位經理就把屬下所做厚達三英寸的報表丟進字紙簍去。如果你知道要表達的是什麼，便應切中要點。

3.是否胸有成竹？

客戶好像特別會問一些聽來平凡無奇，而行銷人員卻無法回答的問題。

舉個例子來說，我們希望一個運動競賽的節目，購買在澳洲的電視實況轉播權。主辦者問我們，實況播出時，在澳洲當地是幾點鐘呢？如果我們臨時才搜尋答案，或回答錯誤，顯見我們思慮不周。對基本重要的問題，要準備周全，胸有成竹。

4.付款的期限為何？

忽略付款的時限，有時會使贏家變爲輸家。

不要輕忽資金流轉的重要性。大筆整數的成交量讓人興奮，但是什麼時候可以拿到付款，與金額數量一樣重要。

5.權責和溝通的管道清楚嗎？

在我已經和客戶公司的董事長洽商談判結束後，最糟的就是本公司有個不知其名的人打電話給這位董事長，談同樣的一件交易。

董事長很困惑：這個人是誰？他的權責又是什麼？

企業間的關係有時就因這微小的誤會而疏離瓦解。這倒不是說職位相當的人才能談交易，而是一種禮貌，一種對職位關係的尊重。愈近成交時，權責畫分愈須清楚。誰應聽令於誰，誰是最終定案的決策者？這一切都要交代妥當，以避免混淆或傷感情。

將心比心

一位朋友任職的單位與聯邦快遞（Federal Express）的來往近年來屢次碰壁，不甚順利。有一次他忽然想到，很可能是因爲他的公司有次用ＤＨＬ（聯邦快遞的競爭對手）來遞送給聯邦的緊急方案。

（可以想像這個ＤＨＬ的快信在聯邦快遞，從一個部門轉到另一個部門所引起的反應：「這是那個笨公司送來的？」這個方案也許因此完全沒有被列入考慮。）

這是個小例子，但重要的是要注意顧客微妙的心理，在小事上，尤其不可輕忽。

不要坐著向艾維斯租車公司（Avis）租來的車去會見赫茲租車公司（Hertz）的人

員。不要搭乘美國航空公司的班機，前往芝加哥去赴聯合航空的約。在可口可樂的午宴上，不要點百事可樂。莫理斯菸草公司（Philip Morris）的經理來訪，不要大剌剌地擺著「請勿吸菸」的告示。

可惜，很多人不懂得這種微妙的心理。坐著艾維斯租來的車去見赫茲的人員有什麼了不起？這不過是小事一樁。而且他們想：「赫茲怎麼會知道？再說，他們怎麼會在乎？」

不巧的是，這種情形就是墨非定律（Murphy's Law）的印證：如果可能出錯，就是會出錯。赫茲就是會發現；而且因爲他們視艾維斯爲競爭者，就是會心存芥蒂。

本公司的一位經理到美國中西部與一家航空公司會商。不巧，他預定的這家航空公司的班機臨行時被取消了。爲了趕上開會的時間，他好不容易換取了一個對方競爭者的機位。

當他如約趕到時，沒想到客戶極爲不悅。他們並不讚許他爲了守時而作的努力，反而對他惠顧競爭者這事頗爲光火。

也許對方是小題大作了。但是一個商場好手不能沒有這種心理準備。他要知道常常是小事讓人耿耿於懷，而牽涉到競爭對手時，問題更是敏感十倍。

注意客戶的微妙心理。習以爲常後，敏感細膩就有如自然天成。

舉一個例了來說，本公司的一位經理經手一家釀酒公司的客戶，客戶拜訪時，他當然只供客戶廠牌的酒。（這是普通常識。）因爲客戶覺得啤酒也是酒的競爭對象，午宴之前，他又告知所有同仁不要點啤酒。（這是高明常識。）而在最近招待客戶去旅館度假時，他把整個旅館區內的餐廳、大小酒廊都換上了這家客戶所產的酒。（這不是一般常識。）

我不知道客戶是否欣賞或甚至注意到這些不厭其煩的細節，但我卻可以想見：如果沒有這樣的安排，客戶會有什麼樣的反應。

主動要求定案

做成一筆交易有許多細節因素需要考慮，布置構思的過程使得這一行新鮮有趣。但是如果最後不能成交，功敗垂成，不管有多少智慧巧思，都全然無用。

也許因爲成交在行銷過程中占有決定性的地位，很多人誤以爲這是一門藝術，非得天賦異稟不可。其實不然。只要一切按部就班，準備周全，最後定案不過是例行公事。惟一要謹記於心的是：自己要提出要求。這是非常重要的。

本公司初創時，我們費了好幾個月的工夫才約到了製造席夢思床墊的公司負責人席夢思先生（Grant Simmons）和幾位副總裁，向他們介紹我們可以提供的服務。整個會議的過程雖然很順利，對方卻没有要點頭答應的意思。我心想，老天，誰知道又得花幾個月的時間才能把這些要人又找在一起？而現在，可以做最後決定的席夢思本人，此刻就在場。

因此，我開門見山地說道：「我們剛剛介紹了敝公司能爲席夢思提供的服務，各位好像也頗爲贊同。但是等我們一走，您們在百忙中很可能就把我們給忘了。我們等了四個月才有這個機會，現在既然大家都覺得這個構想很好，好不好我們就這樣說定了呢？」席夢思先生站起身來，說了聲「好」，和我握了手，就走了出去。事情就這麼成了。

公司的同仁都不能相信，我們開這樣一個會就有了成果，而我始終没有透露，整個過程其實就是這麼簡單。

不要空手而回

幾年前我極力促銷的一個大企畫案没有成功。展示說明很順利，重要的決策者都在場，而且表示很有興趣。可惜，結果還是没有成功。

回程中，我不禁對一個同仁嘀咕：「真不相信我就這樣空手而回，最起碼也應該做成二千元的案子。」

前些日子，這位同仁提起這件事，問我是否真心這樣認爲：多少要做一點交易，而不要空手而回。

是的，我真是這樣認爲。

一心認定對方只能針對你所促銷的方案作考慮，會限制伸展的空間和彈性。不要局限於手頭所準備好的構想；如果對方覺得現行方案不好，重新提供不同的構想。譬如說規模小一點的，一般總是比較容易被接受。

不一定每一筆生意都要賺錢。只要有長遠的展望，只要有開始，就是邁向正確方向的第一步。小筆生意容易成交，雖然多做幾筆較費心力，但不可否認的，每一筆都比較容易做成。

我所偏愛的一招

行銷有一要點：「十有八九，保守行銷比過分促銷容易成功。」本公司以經營百萬元的運動競賽活動著稱，因此對方聽到小額數目時，沒有比這更寬心的了。這就是保守行銷。

我常使用兩個步驟的方式。第一步，先描繪偉大的格局。假如價格是最主要的因素，我就用其他公司作例子，比如說某某公司花了二百萬美元，我把這個數目字當作高價的指標。第二步是最要緊的，有了一個高價碼後，我從另一端著手，提議一萬元的方案。我的風險甚小。如果對方同意了，我就做了一筆生意，也結交了一位新朋友。大多數時候，對方倒是會說：「我們想做比這規模大一些的。」那豈不是更好！一來我得知他們是認真的，二來就可以擴大範圍，提供更多的服務。因此，在一萬元和「很多」中間，我們找到了雙方都滿意的程度。

這樣的方式並不是工於心計。從某一方面說來，這樣的行銷最沒有壓力，應當多多採用。

相反地，汽車代理商就最喜歡過分促銷。你走入展示間，說要買一萬塊的車，他卻偏偏帶你看一萬三的車子。他大概以爲這樣做，顧客可能會同意，或是比較有議價的空間，或是總可以回頭來買便宜一點的車吧。對我來說，這是過分促銷，覺得你可以說服顧客，使他們一反初衷，購買比預期昂貴的產品。我卻認爲，在大家習於推銷壓力的環境裏，保守行銷會使人有清新之感。

如果有位顧客找我買一萬塊的車，我首先會帶他看所有不同價格的車，然後提供一輛定價九千五百塊的車。假如他中意的話，生意就成交了。他如果願意花更多的錢，也是很好。但是由他自己作成這樣的結論，比一開始就由我定下假設要好得多。

贏得顧客的技巧

有一次我去拜訪剛從日本調職到拉丁美洲的朋友。我們在日本時合作過一些規模龐大的計畫，但我知道現在局面不同，因而提出的都是八百、一千、三千元的小方案。他很高興，欣然說道：「很好，很好。我有點擔心你還是要提些六位數或七位數的大計畫。這裏情況不同，我們需要的是低成本高效益，而可以打進許多較小市場的方案。」

價格並不是顧客惟一的考慮。決策過程中免不了個人情感的因素。能爲對方著想，再加上優異的構想及合理的價格，就會充滿了難以抗拒的力量。

比如說，我們常與大汽車廠來往，也知道他們很重視與代理商之間的關係。因此在我們的提案中，總是想辦法把代理商的因素也包括進去。

如果我們希望一個大汽車廠花好幾十萬贊助玫瑰花車的遊行，就預留了玫瑰花車遊行及玫瑰盃的貴賓席次，建議汽車廠商邀請他們頂尖的五十名代理商及眷屬前來觀賞。

這樣，我們的建議看來思慮周詳，也讓汽車廠商知道，我們頗爲了解他們的行業和他們所關心的問題。

贏得孩子的好感

為顧客或客戶的孩子做點事會讓人心存感激，難以忘懷。多年前我的兒子塔德（Todd）還在唸小學時，對足球很是著迷。一位生意上的朋友特地安排他與當時明尼蘇達海盜隊的四分衛見面。塔德高興極了，而我一直沒有忘記他這番好意。

其他還有許多類似的做法。只要出於誠意，而非曲意逢迎，我想都是很恰當的。

贏得孩子的好感有時有更直接的好處。一位叫高斯丹（Mark Goldstein）的年輕人就是經由塔德而成功地向我推銷他的構想，完成一筆交易。

高斯丹經銷一種商業上用的電腦軟體，叫做「企業模擬」，利用個人電腦立刻可以測知各種不同的決定對企業上的影響。多年來大公司已經沿用鉅額成本的大型電腦和軟體程式來做這種模擬假設，但高斯丹任職的公司卻能首先推出一套精密而不昂貴，並可以用在個人電腦上的模擬程式。

高斯丹的構想是，把我在「哈佛學不到的經營策略」一書中的例子和建議，應用到這模擬程式內，做成一套軟體設備，以我的名字和書名行銷出版。他惟一的問題是：找不到我本人。

首先，他打了不下五十個電話到紐約給我的祕書。我當時人在國外，而且，天可憐見，我的祕書也實在不懂得什麼叫「企業模擬」。最後，他終於說動了我的祕書，讓他飛來紐約，爲她做一次生動精彩的展示說明。示範結束後，我的祕書向他抱歉說，她還是不太懂這些電腦玩意兒，但是我在波士頓任教職的兒子塔德卻深諳此道。高斯丹立刻抓住了這個線索，馬上飛到波士頓，找到塔德又做了一次同樣精彩的說明。塔德跟我提及這件事，他說：「我想您應該看看高斯丹這人的構想。」

我立即印象深刻，會想到經由我的兒子來向我促銷的聰明人，很值得打交道。幾個月後我們就合作完成了軟體程式的方案。

公道合理有利協商

幾乎所有的協商過程中，總有些項目不能硬性用數目字去衡量，但是很多人就是堅持非要談個數目不可。

我們代表運動員與體育器材公司簽約時，就常遇到這個問題，這些運動明星可以有幾天的時間來代表這公司參加各種促銷活動呢？

身爲代理人，我們對這問題非常謹慎，因爲時間對運動員十分寶貴，最有效的運用是在運動場上而不是花在照相或是在器材店裏亮相。另一方面，我們也很能體諒器材公司，既然花了大筆錢聘請體育明星來促銷他們的產品，當然希望得到最多的廣告時間。

過去我們協商的過程幾乎是千篇一律，在運動員可以答應的天數上打轉，再來還可以在「天」的定義上糾纏不清。一天是二十四小時？一頓午宴的時間？上午九點到五點的工作天？這樣搞下去，協議毫無進展。

最後我們常用「雙方覺得公道合理的時間長短」來代替硬性規定的天數，而顧客反而鮮少埋怨。

我們代表阿諾·帕瑪（Arnold Palmer）（編按：高爾夫名將，其產品以雨傘為標誌）與全州保險公司（Allstate Insurance）交涉時，就是用了這個辦法而皆大歡喜。全州保險起初堅持帕瑪一定得給他們五天的時間。我說，「帕瑪這人隨時隨地都會以你們公司為念，代表你們，為你們講話。但是如果非得硬性規定他受雇五天，那麼他會給你五天的時間，但是不會再有一點多餘的。不如讓他自己安排，到年底我們再看看他是不是公道合理。」

假如你知道你代表的人是位講理的人，就可以採用這種方式；對方同時也不得不反省自己是否以「理」相待。

朋友可以成為顧客嗎？

是的，只是方法有正確和錯誤的區分。

你如果因爲對方是朋友，而覺得可以完全坦白地說：「我們一起吃個飯吧，我有些東西想賣給你。」這樣很少行得通。對方弄不清楚彼此之間的關係是否有些改變，會因此感到困惑而容易造成隔閡。

比較好的是不著痕跡的做法。讓朋友覺得你並不在乎他們買不買你的產品或服務（即使比較了解你的人可能會猜測到，其實你是希望可以成交的）。讓他們知道這不是什麼大事，你寧可把他們當朋友而不是當顧客。在這種輕鬆的氣氛下，最容易談生意。

我有好幾次在自然的情形下，使朋友成了客戶。方法相當簡單，而其中並沒有什麼權術計謀。

首先，我請他們吃飯或是再打一場高爾夫球；其次，我不提生意；接著，幾個星期後，我再度款待；最後，我仍然不提生意。

到後來很多朋友會採取主動，倒不是因爲覺得欠我人情，而是因爲我不著痕跡地顯示了我怎麼辦事，和我們公司能提供的服務。他們認爲這些都是做我們客戶可以享有的附帶好處，因而願意與我們有生意上的往來。

關鍵在於「展示」你能提供的，而讓他們覺得決定在於他們。

德國的ＢＭＷ汽車公司，就用友好的姿態在日本獲得極大的成功。ＢＭＷ公司給了日本一些要人和企業界人士ＢＭＷ的汽車，讓他們試車一個月後再做決定。只要產品優良，並不會有什麼風險。現在BMW是日本最成功的進口車。

初次拜訪的印象

我首次拜訪客戶時，一方面當然是希望給人一個良好的印象；另一方面，也是藉機觀察對方，多了解對方的情形。

一踏進客戶的辦公室，就可以由一些小地方揣摹對方的態度，從而拿捏親疏遠近的尺度。

比如說，對方坐在辦公桌後，而請你與他面對面地坐在辦公桌前的椅子上，大致說來，他是準備純粹談公事而已。如果是在沙發上坐下來，氣氛就比較輕鬆自然，談話的內容也可以較爲活潑廣泛。

對方請你喝杯茶或咖啡，是友善交際的表示，對方至少對你要說的有相當程度的興趣。不消說，造訪的時間至少應有一盞茶或一杯咖啡的工夫。

此外，禮貌周全的人會事先安排電話由別人代接；或者告知你，他可能得接一兩個重要的電話。最糟糕的是每個電話都接，仔細聽聽，很快可以得知對方是否重視你。

辦公室內的照片、擺設都可以引起很好的話題。本公司一位同仁有次去拜訪有名難纏的唱片業鉅子。他的辦公室其大無比，而牆上成排地掛滿了搖滾樂明星的照片。

我們這位老兄很惋惜，沒有一個明星是他認識的，但他卻注意到照片內這位唱片鉅子的噸位比起現在要有份量得多。他心想，人人皆愛苗條，因而靈機一動，說道：「我們可不可以先不談別的，我一定得知道你是怎麼減掉四十磅的。」

不消幾分鐘，兩人已成知己，忙著交換運動與節食的種種心得。

購買：方程式的另一端

行銷在每天的企業生活中極爲重要，因而很多人忘卻了方程式的另一端——購買——如何購買，如何做個好主顧。

擅長行銷的精明人物爲什麼不善於購買呢？主要還是觀念問題。購買不像行銷那樣光彩，省錢遠不如賺錢來得榮耀。（雖然就利潤而言，購買的重要性並不遜於行銷。）而且購買好像不需太多技巧，不像行銷的過程總要把自己的面子擺上，擔心遭受拒絕。

也許不應該是這樣的。

如果說，行銷是不斷地鼓動別人對你的產品或服務的需要，購買就是有意的否認或拖延這種需要，直到條件適當的時候。可惜很多人忘記了身爲購買者，本身占了多麼大的優勢。比如買電腦設備吧，在今天是平常不過的一件事，但是這筆交易數目並不小，而且也並不容易，有時得花幾個月的時間去選擇合適的設備、最好的廠商、安排貸款等等。到最後，卻忘記要求最好的價錢。

我知道有個人因爲電腦公司花了許多時間準備提案，而不好意思跟他們講價，甚至付了比定價還要高的價錢。

定價和廠商的標準合約並不是神聖不可侵犯的。這本來就是可以協商的，尤其是當你懂得運用優勢的話。錢當然是一種優勢——你有，而對方想要。可是還有其他的因素可以增加你有利的條件，比如說：

●訂單的大小和賣方的利潤？
●立時付現或是分期付款？
●是不是長期關係的開始？
●你是不是行業中的領導者，而對方急欲以你爲顧客？
●你是不是在技術上占了優勢而可以改進對方的產品？
●有沒有其他的供應者更願意配合你的需要？

善用優勢。要記得有利的條件在交易後消失殆盡。花了錢以後，優勢不再。

另一方面，對方不管怎麼迫切，也不願意大客戶聲勢凌人。一件交易裏，有些項目是必要的，有些是重要的，而有些只是「有也不錯」的。爲長遠計，不要全盤皆贏，讓對方保有一些「還不錯」的，對彼此的關係頗有助益。

行銷的技巧是投顧客所好，說他們愛聽的。購買的技巧則是把這些中聽的話逐條記錄下來，做爲協議的內容，請對方簽名生效。此時對方一定得好好地與你協商。

「萬無一失」的陷阱

商學院的學生有一流行的口頭禪：「免傷腦筋」（no-brainer），指萬無一失、絕對錯不了的好事，因而，這種事完全不用腦筋思考就可以同意的。

我對這種好事特別不放心，因爲事實往往大相逕庭。這種大膽的假設忽略了幾個重要的因素：首先，人事情況都會變遷，有時出乎意料地快速；其次，導致你作出決策的數目字也許根本是錯的；再者，不管雙方怎麼精心籌畫，總有虎視眈眈的第三者在旁，不容你高枕無憂。

每當有人告訴我這是樁「免傷腦筋」的好事，我必定全神貫注、提高戒心。以下三種情形更須發出警報，提醒自己和同仁小心謹慎、步步爲營：

1. 美景無限

如俗語所說：「一件事太美好了，令人不敢相信是真的，那就很可能不是真的。」

「今日美國」（*USA Today*）就有這樣慘痛的經驗。爲了提高報紙的銷售數量，有人想出一個與通用磨坊食品公司（General Mills）合作，而且「萬無一失」的好主意。辦法很簡單，顧客只要購買通用磨坊的產品玉米片、麵包粉等等，把購物證明寄去，就可以免費獲贈六個月的報紙。通用磨坊可以增加產品的銷路，而「今日美國」獲得廣大的讀者羣，兩全其美，皆大歡喜，不是嗎？

報社其實還另外做了些打算，讓通用磨坊同意負擔五萬二千訂戶的費用。惟一可以想見的問題是，假如有三十萬人都寄來購物證明，都要免費贈閱，怎麼辦？報社的發行專家將這念頭付諸一笑，斥之爲毫無可能。

當然，不可能發生的事就是發生了。（這倒是「免傷腦筋」就可以確定的一件事。）第一個星期就有四萬人要求免費贈閱，到了第十二個星期，數量累積至五十多萬。這種前所未有的熱烈反應，使得報社的電腦及印刷廠不勝負荷，更不用提在財務上的虧損了。結果總共損失了：一百二十萬美元。

若是眼前美景繽紛，似是一片大好，要記得也很可能是陷阱重重。

2.齊大非偶

中小企業如果有機會和像美國運通公司或奇異電子這種大企業做生意，莫不怦然心動，爭先恐後。似乎這決定錯不了，大公司、大手筆、付款不成問題，而且名氣響亮，可以用來做爲打入其他大公司的敲門磚。

可是事情常常不是這麼簡單。有個笑話說：「八百磅的大猩猩要坐那兒？」答案是：「牠高興坐那兒就坐那兒。」與大企業交手，有點類似這樣，每一步你都在它的操縱控制之下。

其中一例爲席爾斯公司（Sears）。多年前大多數的廠商處心積慮，無不希望和席爾斯攀上關係。產品只要能打入席爾斯公司，立刻就有鉅額的銷售量。因此有些公司不惜以接近成本甚或低於成本的價格削價求售，以期博得席爾斯的青睞。

小公司拿到了席爾斯一百萬個單價一元的訂單時，興奮得開香檳慶祝。公司增加員工、機器，馬不停蹄，全力增產。此時席爾斯出擊了，他們要求價格降至九毛一分以提高其利潤。小公司只有委屈求全或不支而退。當時有很多小公司成了這八百磅大猩猩的犧牲者。（幸好，席爾斯很快地領悟到這樣壓榨對方至最後的一毛一分，對長期的利益並沒有什麼好處，而改變了作風。）

3. 惟我獨尊

最危險的情形就是睥睨天下，惟我獨尊；自以爲方圓百里之內，沒有其他敵手。

日本的富士底片在一九八四年的夏季世運會就基於這種心理，慘遭滑鐵盧，敗在柯達手下。

富士處心積慮，急欲從位居第一的柯達手中搶走市場占有率。因此，它不惜花了好幾百萬美元，爭取成爲洛杉磯世運的正式底片。富士以爲此招一出，必能一拳就打倒了柯達，使它不得不在這年主要的運動競賽裏銷聲匿跡。

說也奇怪，富士居然沒有想到柯達可能會——而且有能力——加以反擊。

柯達和本公司商量，尋謀對策時，我們發現，富士所買下的「專用權」並不涵蓋一切所有時間。基本上它只買下了奧運比賽期間的那兩個星期。那其他整年的時間呢？我們針對此一弱點大加發揮，建議柯達把攻勢集中在氣氛日趨熾熱的奧運前六個月內。在這段期間，柯達贊助了美國田徑隊，延請金牌得主摩西（Edwin Moses）、戴珂（Mary Decker）和薩拉瑟（Alberto Salazar）爲發言人，贊助了奧運的田徑預賽。同時在洛杉磯的電視節目中大做廣告，而柯達巨幅的圖片、市招，展示在洛杉磯的每一個角落。

到了奧運正式比賽的時候，許多運動節目行銷人士都以爲柯達才是真正的贊助主辦者。

幕後的靈魂人物

幾年前可口可樂委託本公司做過一個調查，目的在於分析各個附屬公司、相關企業所做的體育市場促銷活動是否具有「成本效益」。

可口可樂的總裁告訴我，各分公司好像是多頭馬車，各行其是，彼此毫無關連。他說：「我們的制度很奇怪，一件事情只要被納入公司的體系後，就極難革除。沒有人知道當初是誰做的決定，怎麼會跑進制度裏，成爲根深柢固的一部分。除了我和董事長之外，沒有人能改變它。」

他舉了個汽球的例子。

話說當年，某時某地某人向可口可樂推銷了個大汽球的主意。這些印有可口可樂商標的大汽球環遊世界（像固特異公司的飛船一樣），在大型運動競賽節目或聚會時，就在會場上空盤旋。「你知道，」他半開玩笑地說：「我經常看到這些汽球。而我完全不知道是誰買了這些汽球？爲什麼要買這些汽球？現在怎麼樣才可以不要這些汽球？我甚至不知道該去跟誰談這些寶貝汽球！而我卻是經營這整個公司的人！」

我也很驚訝可口可樂的購買程序，但從另一個角度（也許是有點自私的）來看，我覺得此例頗具教育性。

我要找出那個買汽球的人！他是會做事的人，他懂得怎樣通過衙門式的層層關卡而達成任務，他正是我應該推銷生意的對象。

我一再向本公司的同仁複述這個故事。每個公司都有這樣一個「買汽球」的人。把他找出來，這位幕後的靈魂人物也許沒有顯赫的頭銜或豪華的辦公室，但他卻能使你美夢成真。

第二章

談判高招

有時反問是一種高明技巧。

一方面，你可以有多一點時間考慮自己的立場，

同時使對方不得不透露一點他的想法；

另一方面，這也是擺出客氣的姿態，

提醒對方要互相尊重之意。

網球賽中有個成語：「Match Tough」，意指一個人經歷幾場被對手逼至極限的硬仗下來，所激發出來的一種競賽優勢。這就是爲什麼像麥肯諾(John McEnroe)這樣的高手，即使在天天勤練、體能極佳的狀況下，在休賽六個月後披掛上陣，卻仍有可能敗在名不見經傳的無名小卒手中。

商場上亦是如此。

多少次我眼見有人在最緊要的談判關頭，正當緊鑼密鼓，該全力出擊時，他們卻退下陣來；在正需要鼓起全副精力，奮勇而戰時，他們卻偃旗息鼓，悄然而退。也許他們自己對自己說：「下次吧！下次我會更精明、更敏銳，下次我會更能控制全局。」可惜，機會已逝，下次永不再來。

只憑一時的夢想，或是生吞活剝地背誦了幾條規則，並不能使你有朝一日搖身一變，變成了談判高手。你需要不斷地操練，而且要能在真槍實彈的情形下，凸顯你的實力。

談判基本打法

正如要常保體能或在比賽中保持領先一樣，歷練能幹也需要日復一日的演練，而且不斷地企圖超越。同時，也得提醒自己不能忘記基本的原則。當柏格(Bjorn Borg)位居世界第一的網球選手時，他每天照常不斷地練習四個小時的基本打法。

對我來說，談判諮詢也有它的「基本打法」，以下分別加以說明：

1. 適時沈默

我自己常常告誡自己這一點有好多時日了，照理說應該可以行之若素，自然無誤了吧?其實不然。在氣氛緊張的談判當中，再沒有比冗長的沈默更折磨人，也更重要的了。我仍然不時提醒自己，不管氣氛有多麼僵，就是不要由我開口來打破沈默。

2. 稍待片刻

時間有驚人的奇妙果效，時光流逝，情況可以完全改觀。所以我稍候片刻等對方冷靜下來，等問題自行解決，等不合宜的交易自然瓦解，等更佳的構想出現。等待並非易事，積極活躍的企業人士一向所受的訓練，都是要迅速果敢地採取行動。可是在許多緊要關頭，所能做的最有效的事就是什麼都不做。每次當我對此稍有懷疑，我就回想過去我們有多少次的成功均歸功於沈著耐心，而有多少次的失敗乃因缺乏耐心所致。

3. 善體人意

雷夫森(Charles Revson)是露華濃化妝品公司(Revlon)的創始人，他是位傳奇性的人物。美國商業界人士總愛以他的軼聞趣事作爲茶餘飯後的閒談資料。雷夫森以精明幹練見稱，但是同時他也極度敏銳，能以對方的觀感做爲出發點。

幾年前有一家SMS廣告公司(Scali McCabe, Sloves, Inc.)的經理麥可畢(Edward McCabe)意欲爭取露華濃作爲客戶，首次造訪露華濃的總部與雷夫森晤談，這位化妝品界大亨的辦公室虛飾浮誇，極盡鋪張之能事，甚至使人有種壓迫感。

麥可畢這樣描述著：「看來像是特地爲墨索里尼(Mussolini)蓋的房間，並且是一磚一瓦運來紐約搭建的。」柱子是大理石做的，牆上掛著大幅的航海地圖，會議桌長達二十五英尺，長桌周圍擺著鑲金飾扣的黑色皮椅。在雷夫森所坐的首位上赫然是一個純金的電話。

雷夫森走進來時，麥可畢以爲他要像火山爆發一樣噴出岩漿來了，可是他的第一句話卻是：「你覺得這個房間很難看嗎？」

麥可畢不防有此一問，勉强擠出幾句什麼見仁見智、各人品味不同之類的話來招架應付。

「我知道你覺得這房間蠻難看的，」雷夫森堅持道：「沒有關係，但是我在找一個也能了解到有許多人會覺得它富麗堂皇的人。」

4. 注意小節

這些年來，我不論是在對方的辦公室或是在其他場合，都一樣可以觀察別人，以促進對他的了解。和有希望成爲客戶的對象或是對手吃飯、打球，都很有助益，因爲這種時候大家多半比較輕鬆，容易以真面目示人。

這點在最普通的情形也可以應用。一位成功的房地產經紀人告訴我，她帶許多夫婦去看房子的經驗。她說：「我從他們坐進車子的方式就知道是誰在當家作主，假如先生自顧自、大剌剌地坐進前座，而太太要努力奮鬥地擠進後座，那一定是先生說話最有分量。」

注意這種小地方不過是常識，但是你需要細心觀察。線索處處皆是，俯首可拾。

5.親臨造訪

親自登門造訪表示對人的尊重，這就像親自去醫院探望朋友，比只寄一張慰問卡要隆重得多。

我有一次應邀出席一個晚間的廣播電台節目，廣播的地點在華盛頓首府市郊的辦公大樓內。我在約十一點抵達電台時，注意到有個人在門外等我，他自我介紹後，便遞上他的履歷表。原來當他得知我當晚會在這個節目出現時，特地由邁阿密(Miami)飛到華盛頓來見我。他覺得見到我本人，會使他加盟我們公司的機會提高一些。

我當時沒有適合他的空缺，但是只要公司一有需要，他一定比其他人占優勢。

暫時擱置

企業人士一向講求當機立斷、速戰速決。但是只是爲了表現果斷而驟下決定，就影響了正確的決策過程。並不是每個協商的細節都得當場敲定。細枝末節有時會使全局膠著不前、毫無進展，因此，有時要把它擱在一旁，如果別人覺得你做事不夠明快也無所謂。也許最後大家會覺得無關緊要而失去興趣，問題也就不成問題了。

擬定合約時最常見這種情形。協商僵持不下，特別是到了律師手上的時候（憑良心說，他們不過是克盡其職而已），所爭論的不過是一些不相干的小事。比如說，等成交後，某某人的職稱應當是什麼之類的。

假設雙方都有意把事情辦成，我會儘量把這些小事擱置一旁，先談正事。懸而未決的小問題可以在合約上提及，說明將來會再行協商，使雙方滿意。我的目的在使交易順利進行，而不是要逞一時英雄，一一地去克服一大堆不相干的障礙。

許多時候我寧可在合約完全擬定以前，就開始進行作業，提供勞務，金錢易手，這對我是一種自我保護的作法，免得在等待當中，時過境遷，良機不再。

先開始進行，甚至還有談判上的優勢。

多年前我與MCA（美國環球音樂公司）合作時就體會到這一點。MCA擁有環球製片公司(Universal Studios)，而且有第一流的電視節目製作人。MCA同意爲我的客戶帕瑪和普雷耳(Gary Player)每年製作十二集電視節目，我們一直到第二年的合作計畫都進行了好一大半，才簽第一年的合同。

以我律師出身的背景，並不了解在娛樂界有時就是這樣的作法。但當我再尋思，到底這件事情本身有什麼意義時，就發現：我們在這兒琢磨一份標準形式厚達八十頁的合同，希望解決所有的問題；而同時MCA卻已經同意所有重要的項目，帕瑪和普雷耳在每個節目播映之前都會收到酬勞和一部分國外轉播的權利金，其他枝節的項目並沒有太大的關係。

這樣看來，其實MCA有點自以爲聰明。我們製作了節目，MCA付了帕瑪和普雷耳的酬勞。同時，MCA已經在編排和後續活動上投下了資本，如果事情不如起先所預計的，MCA的損失要比我們的客戶大得多。因此，雖然尚未簽約，一旦交易開始進行，我們手中就握有了王牌。

協商三部曲

多年前，一位大公司的董事長和全美首富之一的大亨演出激烈衝突的場面，我當時湊巧在場。

話說大亨怒氣沖沖地衝進了董事長的辦公室，對一件正在處理的事暴跳如雷，而且揚言要對簿公堂（我後來得知，其實他於法無據，只是企圖藉著財富、地位和大嗓門來威脅恫嚇）。這位董事長處理全局，乾淨俐落，手法之漂亮，令我印象深刻，難以忘懷。

這一個鐘頭的過程可分成三部曲：

第一部，董事長殷殷垂詢大亨的各種投資項目，並極力誇讚他是怎樣偉大的一個人物。這占掉十分鐘的時間。

第二部，他話鋒一轉，斬釘截鐵地告訴大亨，說他毫無道理，本公司絕無讓步妥協之意。這只花了他三分鐘。

第三部，氣氛即趨緩和，他輕聲慢說、好言相慰：「我們繼續保持聯絡，隨時觀察事情的進展。」這卻占了三十分鐘。

大亨的問題很快地就解決了。我卻學得了兩門有關談判的功課。首先，在每次的會商中，總有一個時刻你得直視對方，作下允諾，什麼允諾都好。你可以提出訂單的要求，或是直述對方荒謬離譜，或只是約定下次約談的時間和地點。這不一定要當成重大消息來宣布。

其次，簡短扼要。很多情形都不消幾分鐘就可以表達你的意思。尤其是不中聽的反面意見，若以後還想繼續保持友好的話，更不要長篇大論。

一件事情重要與否，和花在討論的時間並沒有直接的關係。我看過企業家在短短數秒內決定極大的交易，也看過企業家光是約定一個打電話的時間都要花上二十分鐘：

「嗯，星期二？星期二不行，我在倫敦，星期四好嗎？」

「哦，星期四不行，我在新加坡。」

每次諮商如果不能作下某種允諾、有所進展，就會陷入沮喪當中，循環不已、永無休止。除非是策略上有特別的理由而採取拖延戰術，不然只是徒然浪費雙方的時間。

金錢之外

我們可以說每個人都有個價碼。但是很多人在談判時都弄錯了，以爲只是用錢就可以把那個價碼敲定。他們以爲只要價錢可以談攏，就能使雙方滿意，交易即成。這種邏輯（如果這也可以算是邏輯的話），忽略了金錢以外的因素，即買賣雙方在談判桌上心理方面的需要。

談判的過程中，我也仔細衡量下列四項金錢以外的因素：

1.品質

假如你的品質優異，無與倫比，就要善加利用。即使要多花點錢，人們也願意與你認同，分享這份光榮。我們的客戶艾芙特（Chris Evert）當初願意和勞力士錶（Rolex）合作就是這個道理。以艾芙特的聲望名氣，如日中天的網球生涯，很可以與其他錶廠訂下更高酬勞的合同，但是她選擇了勞力士，因爲它代表絕佳的品質。結果勞力士因爲本身的品質信譽，而只需付出較低的酬勞。

2.長期展望

將來有展望，可能比眼前立時獲得一大筆酬勞有利。一個正當起步的公司所能付給我們客戶的，常常比歷史悠久的公司少得多。但是新公司可能頗具創意，長期看來很有前途。雖然明知競爭者所付的價碼是二十塊，他們可能只能付一塊，但是對方十分聰明地加上一句：「如果企畫帶來預期的效果，你會賺五十塊。」我們如果相信他們的潛力，事情就成交了。這是輕看眼前，重視未來。

我們常須在二者中擇一，因此我們自問：「五年以後再看今天，我們選擇哪一個比較好？」我們有個機會與一家全美連鎖店簽訂溫布頓（Wimbledon）的服裝專利，數目頗大。但是我們覺得從長期性來看，不如與另一家公司從頭建立品牌，而逐步成長來得好。因此我們捨棄了眼前的利潤，而選擇了長期的發展性。

3.傳統

一般人常有行之已久、經過時間考驗的行事作風。他們通常不喜歡做與傳統衝突牴觸的事。應該重視這種尊重傳統的影響力，企圖改變這種習慣是不可能的，或根本得不償失。

我們與國際奧運委員會(International Olympic Committee)洽商，一九八八年漢城夏季世運會的美國電視轉播權時，本公司的代表研擬了一份詳盡完善的企畫案，建議由其他獨立的電視頻道轉播奧運。如果照這計畫進行，奧委會的收入很可能比由任何三大電視台所能提供的都要豐厚。奧委會沒有採納，他們覺得奧運節目還是應該由大電視台轉播。這種在三大電視台看奧運轉播的傳統，比起賺錢來得重要。

4.守密為要

尚未定案以前，協商的過程維持保密，可以省下金錢，避免麻煩。最好的交易都是在私下進行，成功以後才對外宣布，最糟的情況就是，在報紙或商業新聞上來協議談判。

新聞界一旦知道你的立場，非得挖掘出對方的立場不可。這下子所有圈子裏的人都知道雙方的情況，看你們怎樣一來一往。這便不是協商，而是顧全顏面。最後，總有一方看來失敗，而雙方都不滿意。不論協商的是奧運、勞資合約或是個人聘約，如果公開談判，就會加上了許多不必要的顧忌。

能保守祕密，就可抬高你身爲談判者的身價。反之，口無遮攔的人使人心生警惕，而倒向你的競爭對手。

懂得捨棄

捨棄一件「就是覺得不對勁」的交易，在商場上常被低估其價值。公司不會鼓勵你這樣做，而員工也不會朝這方向去努力。畢竟，沒有交易就沒有酬勞，避免了錯誤的交易一樣沒有酬勞。

但是以事後的成果來看，我現在懂得這種自制自律的重要。在過去二十五年中，我有很多次在事後希望：當時有足夠的智慧抽身而退。

從買方的觀點來看，通常較顯而易見，價錢太高了，你可以掉頭而去。但是假如你是推銷的這一方，要做到一定的業績，又有要求嚴格的上司，種種壓力之下，事情就不是那麼簡單了。下面列舉了三種我覺得是「不合則去」的情況：

1. 不能履行

沒有什麼比明知做不到卻信口答應，對新建立的關係傷害更大的。許下「給你全世界」的承諾是做成交易的辦法，卻絕對不是建立長久關係之道。在企業的來往中，不要誇大你所能做到的，而做的要比說的多。這點在建立新關係時，尤其重要。假如做不到這一點，就不要開始。

2.不划算

價錢不對並不是就不能做生意。除非在價錢之外，也沒有其他有利的因素，那就不值得考慮。比如說，我常因著眼於將來的長期性而不計較價碼。但是，價錢不對而又沒有發展的可能，我就不會進行。

多年前，本公司西岸電視部的經理與一國際性的公司商談，引起他們對製作一系列的電視節目的些微興趣。他們說：「也好，讓我們做小型的節目試試看。」

我們的經理興致勃勃。「這件事我們要做，」他說：「我們在第一個節目上甚至可以賠本，把它做得極度完美，這樣他們就會做一系列的節目了。」

這是他的判斷。以我對這家公司人員的認識，我並不以爲然。我覺得我們應當試到某時就賺得利潤，因爲很可能我們從此就不會再打交道了。

以往類似的情形我也有判斷錯誤的時候，這次我倒是正確的。我們超出預算，以期表現優異的製作品質，但他們就只買了這麼一次。

結果我們賠了錢，而且也沒有建立長期的關係，我們當時就應該放棄。

3.對方要你放棄原則

信不信由你，一般人都會尊重你的原則。他們佩服你能持守原則，而不因爲要做成生意而不擇手段。常常他們也會同意你的作法。

在這兒唱高調很容易，但是實際上做不做得到又是另一回事。特別是多項大筆交易就在眼前，或是在追求業績的壓力下，或是事情本身並非不道德或不合法的時候，要堅守你的原則就困難許多。

爲了做成一筆交易而犧牲原則，是一種短視的作法。沒錯，這錢賺得快。但是一開始就妥協屈就、放棄原則，在將來關係的每一個環節上都受影響。

何時應鍥而不舍

什麼時候該鍥而不舍呢？在你已經投注了許多時間和金錢之後，不要完全棄之不顧。

花了幾個月的時間和金錢之後，要抽身而退並非易事。投下這麼多心血後，很多人不惜做很大的讓步，只求不空手而回。只要能做成交易，什麼條件都好。

我佩服可以在這種緊要關頭，懸崖勒馬、減少損失的人，他們知道這種時候情感脆弱，很可能做出將來會後悔的決定。

但是有些人矯枉過正，一旦掉頭而去就是永不復返。

我說過，我很相信重訪舊識的道理，因爲來往過一次的主顧很可能再光顧。這道理對「幾乎成交」的顧客也是同樣可以適用的。不論結果如何，這一段時間的心血栽培總會埋下一些種子，所以過幾個月後再重新造訪，比起完全另起爐灶要容易得多。

然而，實際的情形卻常是這樣：⑴交易無聲無息、自然瓦解；⑵行銷人員困惑、憤怒和沮喪；⑶把顧客列入拒絕往來戶。

本公司的檔案裏，有好多行銷經理爲了各種不同的理由而歸納成：「某某公司對運動節目沒有興趣」的公司資料。這種訊息在公司裏最後就變成了：「不要浪費時間在某某公司上。」

一年後，我們看到了某公司贊助了不下半打運動節目的消息。

我時常提醒公司同仁：即使第一次不成功，過幾個月後重新造訪，通常有些人會記得你曾經下過多少工夫，而這個人很可能幫助你達成目的。

以物易物

很多公司沒有儘量利用實物交易的機會。以公司所能提供的服務來換取對方的產品，可以節省成本。然而很多人無意採取這種方式。

這種想法的原因是可以了解的，但是卻不應該。有一個理由是，他們忘記了自己在供銷商心裏占有極大的分量——因爲本身是忠誠的顧客，或是可以帶來大筆的生意，或是單純因爲自己是大家喜歡往來的對象。另外，他們低估了別人對自己產品和服務的需求，特別是在平常交易範圍之外的項目。最令人洩氣的，我想其實是，公司的大老闆覺得這種交易不值得花上時間和力氣，而不屑爲之。

任何一個公司，不論它經銷的是看得見的成品或是看不見的服務，都可以多多利用「以物易物」的方式。

比如說，一個律師事務所附近有家非常好的餐館。事務所沒有什麼「物」可以交換，沒有齒輪、沒有球賽的門票、沒有去夏威夷的免費機票，什麼都沒有，如果不算它的法律專才，那真是什麼都沒有。

但是，律師事務所的主管若對人情世故和他在法庭一樣練達的話，他可以這樣對餐廳老闆說：「這樣吧，我們提供你所需要的法律和稅務服務，而你以提供價值五千元的免費招待來交換。」這交易很難令人拒絕，因爲雙方都只需付對方成本的價錢。

餐廳老闆應該很高興。他以成本一千五百元的牛排、飲料來換取價值五千元的律師費。而且，這些固定的律師顧客，很可能帶來其他新的客人。從經濟和促銷的觀點來看，都很合算。另一方面，律師事務所也同樣獲利。五千元的律師費可能只要一千元的時間成本，而當他們光顧這家餐館時，即被當成上賓款待。

我們公司並不會覺得以物易物有什麼不好意思。有時我們與旅館有特別的約定，他們給我們公司折扣，而我們在廣播媒體中介紹他們，譬如在比賽節目廣告中附上一頁，或是在網球場和高爾夫球場上樹一旗幟。我們與航空公司、餐館、豪華轎車、租車公司都作類似的安排。

商場上没有白吃的午餐，你不能只取不予。

主客易位的買賣

有時在談判中，雙方的立場非常接近，幾乎誰是買方，誰是賣方都無所謂。這種情形下要能靈活隨機應變。完全由賣方轉爲買方的身分也許很容易，也很有利。

在專利的行業中最能應用這一點，因爲它的項目是專利權而不是實物的貨品。我們當初代表溫布頓網球賽主辦單位時，找了製做班可夫(Bancroft)網球拍的高露潔—棕欖(Colgate-Palmolive)公司來做溫布頓網球拍。高露潔—棕欖公司雖然擁有溫布頓指定球拍的專利，卻没有用它。

對方不覺得我們的提議有什麼前途，但是我們深信這個計畫絕對可行。因此協商陷入僵局時，我們把枱面一轉，換了一百八十度，我們不提供原先的建議了，反而向他們買回這項專利，而找其他的公司來做球拍。

這種「不能賣，則買之」的方法當然得小心使用。很多情形不能適用，但是在招攬人才上最合適不過。有時最好的人才就是登門造訪向你促銷或購買的人。假如我欣賞他們的觀念或方式，即使要聘請他們加盟我們公司，我也會毫不猶豫地掉換立場，來促銷「我的」構想。

邁可斯(Jay Michaels)在六十年代時是美國MCA電影電視製作公司的副總裁。他來延請我替MCA開創休閒運動的部門，我因比較喜歡保有獨立立場，便婉拒了這個邀請。但是我對邁可斯這人印象深刻，也很欣賞體育電視節目的構想。不多久後，當我們自己準備創立電視製作節目時，邁可斯就是我們負責這部門的第一人選。他接受了這個工作，而之後的表現，遠超過我們預期之上。

另外一個應用的方式就是購買對方的產品，其後再把你的產品賣給他們。有位太太復出工作，替一家地方性的報社作廣告推銷員。她第一個推銷的對象是一家寵物店。半個小時後她出來了，手上捧著值三十元的魚缸和十五元的熱帶魚（這店主顯然是個絕佳的行銷人才）。第二天她回到同樣這家店，說動了店主花了六百元在報紙打廣告。今天她已經是這家報社的發行人。

多得資訊有利交易

我們主要的行銷對象都是大公司，決策過程大多相當緩慢，很少有只要一次會商就成交的情形。（這種時候也有，但多半是因爲我們以前與他們打過交道，或是構想熱門，或者純粹是運氣甚佳。）

一般說來，我們至少需要三次會議才能談成一筆交易：第一次測知時機、步調，並蒐集有關公司目標、支出習慣、和誰是決策者之類的訊息；第二次的會議中，利用這些訊息，展示說明我們的構想和方案；第三次，對決策者再次闡述我們的提案。

多年的經驗下來，我們發現再也沒有比第一次會商，更重要的事了。第一次沒有蒐集到正確的資訊，通常也沒有第二次的協商。因此在準備行銷之先，我們總是先讓對方告訴我們應怎麼著手。

可惜顧客並不會給你一張報表，列舉你應當進行方式的要點。但是可貴的線索在談話中卻處處可尋，試著多讓對方透露更多資訊，以下列舉四點說明其要訣：

1. 讓對方暢談自己

一般人樂於談論有關自己的種種，讓他們暢所欲言。一開始就決定要從對方得到更多資訊，就已經成功了一半。我認識有些人，實際上只用兩分鐘談論自己的公司，而給對方二十分鐘的時間。即使這樣不成比例，也很少有人在意。

大多數的人都迫不及待地想告訴別人，他們有多麼成功。讓他們有這樣的機會。當他們誇耀業績、促銷預算、估計盈餘時，你也應該同時重估並提高議價。

2.讓對方有問必答

我沒有看過因爲行銷人員多問些問題而促銷不成的，同樣的，我也沒有見過一個人只是坐在那兒，被動地有問必答就做成了交易。

要多得資訊，你得讓對方習於有問有答的模式，但要避免像檢察官偵訊一般。看看辦公室的四周，談談家具擺設，聊聊桌上的小玩藝兒。用讚美的口氣起頭，也可以是不經意的，如：「這照片真可愛。是您的小孩子嗎？」或是有意帶入正題的：「我用了貴公司的甲種網球拍，發球威猛許多。有多少人買了這個牌子？」不過恭維要出於真誠，不要虛情假意。要客氣誠懇，如此，最難的問題都會得到最誠意的回答。

3.找出負責人

不論你對行銷的展示說明，作了怎樣周全的準備，並不保證對方就一切準備就緒。在你的事業生涯中，總會碰到這樣的情形：當你準備說明時，發現對方滿滿一屋子的人，不是根本不知道你是誰，就是都只有幾分鐘的時間；或者完全不在乎；或者即使在乎，也沒有決定的權責。

這樣的輕忽不應該視若無睹，得過且過。告訴對方你對這情形很失望。很多時候向你道歉的人就是負責人。這是很重要的訊息。

本公司的一位經理，飛越數千英里去做行銷展示。從一開場，就沒有一樣事情是對勁的。好幾個與會的人說他們二十分鐘後就另外有約，會議室的錄放影機不能放映我們的影片，更糟的是，整個會場看來，顯然沒有人負責作主。這位經理很快地把這場面看在眼裏，起身就要離去。「這是不對的，」他說：「我千里迢迢趕來參加這個會議。我不願意這樣浪費我的時間和你的時間，我不願意這樣倉促草率地進行。」

「你不是在浪費你的時間，」一位年輕的女士說道，並自我介紹說她是行銷的主任：「這兒由我做決定。」

這訊息很重要。我們的經理趕快建議重開一個小型的會議，很快就成交了。

4.找出隱藏的允諾

有些顧客明明有意成交，但怎麼看來就是不像。他們用數目字來嚇唬人或與你爭辯，來顯示他們有多聰明。還好，最強烈的反對者常常是最感興趣的人。

我們與一家大公司的市場行銷副總裁，洽商贊助運動節目事宜時，在我們提出我們的價碼之後，這位副總裁顯然作過仔細的計算，還了一個低了許多的價碼。

他說：「我們願意在這樣的條件下與你們合作，但是只有在這個條件下！」

初出茅廬的人，心裏只記得我們原先提出的數目，可能就沒有聽到「我們願意和你合作」這句話。經驗老到的人卻會馬上抓住這個機會。

我們很快地照他所提的條件，取得了對方的承諾。其後節目愈做愈大，結果與我們原先的數目非常接近。

如何避而不答

我認識一位主管，每次有人問他難以作答的問題時，就發出緊張的笑聲。到後來我知道他一這樣笑，就是事情不太順利。我隨意問一句：「最近生意好嗎？」他神經質地笑起來。這下不論他跟我說什麼，我都知道實際的情形了。

我跟他提過，這種緊張的習慣讓人一眼看穿他。他說：「我是很煩，我明知道我會這樣，卻無法停止。」

當然，解決的辦法就是不要笑。但這跟叫人受窘時不要臉紅一樣，都是知易行難。不過，其實至少有四種辦法可以應付你不想回答、或不能回答的問題：

1. 迂迴閃避

最好帶點幽默。我有一次在費城的華頓商學院（Wharton School of Finance）演講時，學生們緊迫盯人地問我各種相當私人的問題。有一個學生要知道假如我只剩二十四小時的生命，我要做些什麼事。

好，即使我對這種問題有現成的答案，我也無意在這擠滿了幾百位年輕人、悶熱的大廳裏來分享我隱密的思維。

我仔細地斟酌用句，說道：「當然，那要看我身在何處。」他們笑了。我繼續說道：「還有，我也不告訴你，我與什麼人在一起。」他們更樂，笑開了。這是我轉移話題的好時機。「認真的說，……」我回到正題，而完全避開了這個問題。

2. 恭維誇讚

有很多好發問的人帶有自我炫耀的意識，只要你知悉對方不過是明知故問，或是利用你來襯托自己的了不起，就可以投其所好。

有人純粹只是提出問題來顯示他們有多聰明，並別無其他目的時，就稱讚他們：「這問題問得好。」或是：「您提的這點很重要。」當他們沾沾自喜、無暇顧及其他時，你就可以轉換話題了。

3. 重新措辭

這是政治家最佳的避而不答的方式。碰到難以回答的問題，他們閃避的說：「我想你真正在問我的是……」。

重新措辭來配合你的內容，並沒有不妥之處。假如你能很有技巧地迴避難處，大部分的人都會尊敬並暗暗地佩服你的能力。

4. 反問對方

有位主管每次碰到較難回答的問題，他就反問對方。有人問他：「你對這方案的預算有多少？」他簡單地回答：「你覺得呢？」我起先覺得，他未免太過油滑和工於心計。奇怪的是，有許多人不知不覺地掉進這個陷阱。

有時反問對方是一種高明的技巧。一方面，你有多一點的時間考慮你的立場，同時使得對方不得不透露一些他的想法。另一方面，這也是相當客氣的姿態，表示如果對方公道合理，你也會同樣待之。我並不是說這些言詞閃爍的技巧，是回答問題的標準方式。只有在極度敏感情形下，才需偶爾迴避躲開。事實上，絕對的坦白通常還是最好的策略。遇到難纏、不懷好意的問題時，我總是儘量給他明確、坦白的回答，使他消除惡意。這也常是對方最意料不到的。

避免衝突以利談判

談判破裂有很多理由。自我因素、意氣用事、「辦不到」、「絕無妥協的可能」這種話常會出口。事實上關鍵常常還是在於價碼。

賣方心中有了數目，而買方也有個願出的價錢，雙方怎樣達成彼此滿意的程度，其實就是談判的主要內容。

所以在談價碼以前，要先把其他周邊的項目，比如時間、交貨、專賣權、借貸等先作磋商。

最容易引起對方激烈反對的，就是出個高得離譜的價碼。在提價錢之先，我一定會給對方一點心理準備，再循序漸進地帶入正題，而不像一頭莽牛般橫衝直撞。

我如果是與汽車公司商談贊助高爾夫球賽的事宜，我會讓他們先有一點概念，知道競爭者做多少。我會說：「做法很多，端看要花多少錢、做多少事、要有多大的影響。比如說，別克(Buick)贊助別克公開賽(Buick Open)時花了數百萬元。」

我在這兒停頓了一下。

假如他們反對說：「我們絕不花那麼多。」至少，我在尚未正面衝突或把對方逼至毫無退路之前，就得知了他們的上限。而我仍然擁有應變調整的機會。

行銷有個基本原則，不論是來賣家電用品或是銷售房屋，大部分人都會問你經濟能力上可以付得起多少。在與公司打交道時，行銷人員卻常常只看得到對方公司的龐大、財力的雄厚，而忘卻了這種基本常識。

發揮殺手直覺

我常常聽說某某人具有「殺手直覺」(killer instinct)，但是我一直不確定它真正的意思。

以拳擊賽作比喻，有人認爲商場上的「殺手直覺」，就是像偉大的拳擊手所揮出最後有力的一拳，對方因此倒地不起。但這在商場上並不適用，一下子把所有的人都淘汰出局並沒有什麼好處。

我覺得「殺手直覺」其實主要的是「直覺」而並非「殺手」。在生意的談判中，以下幾項直覺頗有助益：

1. 時間彌補錯誤

我年輕的時候容易爲不順心的事發火。如果一個快成交的客戶與別人簽約，我有時會口頭攻擊或做於己有損的決定。即使已經輸定了，我還以爲可以全力出擊，而改變無可改變的既定事實。

我並不能體會我這種衝突的方式正是適得其反，損害了我在所爭取的對象心目中的印象。我應當克制自己並告訴自己：「這真是荒謬。等一兩年，他們會回過頭來找我的。」年歲漸長，我體會到時間能彌補許多的錯誤。它是你的最佳利器。

2. 金錢並非一切

雖然有俗話這麼說：「當對方提到不是因爲錢，而是原則問題，你可以打賭準是錢的問題。」但是有的人在談判時可以不假思索地選擇取與錢無關的因素。比如說，一個負責大型運動節目的主辦機構，寧可犧牲一點金錢上的利益，而選擇能有最廣大的播出效果的電視台。他們知道就節目的長期成長來看，普及性比錢重要。

3.不需出於本家

我們以前有位員工對自己心愛的方案就熱中執迷，對其他人所提出的卻非常冷淡。這是典型的「敝帚自珍併發症」。這種偏執可以扼殺所有其他人的方案，因爲他從來不肯徹底執行，而同儕卻得擔當其過。

我佩服埋頭苦幹、全心全意把方案做好的主管，他們不在意原先的構想是出於自己或來自他人。「殺手」的那部分跟他們說，不要放棄；而「直覺」的那部分說，誰得讚譽都無所謂。

4.置之死地而後生

多數人可以體會在談判過程中占了上風的時刻，但是並不是每個人都敢加以利用。幾年前，一位好萊塢的電影製片人與三位有意購買外國播映權的歐洲人會商，製片家開了一個天文數字，歐洲人就地殺價，還了一個損人的低價。製片家說：「各位先生，我們沒有什麼可談的了。」然後客氣地把他們請了出去。

整個會商只持續了二分十八秒。但是我的製片家朋友說：「等他們習慣了以後，就會回來的。這樣千里迢迢遠程而來，他們不會願意空手而回。」第二天就證明他的判斷是正確的。

有一個故事最能描述「殺手」和「直覺」的區分。故事的主角是摩根（J. P. Morgan）和洛克菲勒（John D. Rockefeller）。

摩根有意從洛克菲勒手上買下大片明尼蘇達州的鐵礦。洛克菲勒派了他的兒子去探虛實。

「好吧，你要價多少？」摩根問道。

「您大概搞錯了，摩根先生，」小洛克菲勒說道：「我不是登門造訪來推銷的。根據我的了解，是您有意購買。」

摩根也許是傳奇性的「殺手」人物，但是小洛克菲勒卻擁有天生好手的「直覺」。

如何對付自大狂

在企業生涯中，你總會碰到一些驕傲自大、惟我獨尊的人物，一般說來，可以有三種方法來對付這些自大狂，第一，你可以迴避他們（這樣一來大概有三分之二的企業人士你都不能來往）。第二，你可以針鋒相對，彼此競爭，誇耀吹噓，很多人陷進這個模式而不自知。第三，你可以換個角度，投其所好，恭維他們，而這正是他們吹捧自己真正的目的。

有一次我與全天下兩個最偉大的自大狂共進晚餐。整個晚上他們互相炫耀，意圖壓倒對方：一個說他在法國南部有座擁有二十八個房間的房子，另一個說他在加勒比海有幢擁有二十九個房間的別墅。一個說他G－Ⅲ噴射機的最新設備，另一個就談他G－Ⅳ的驚人速度。一個捐了三千萬元給南美的醫院，另一個必定捐了三千五百萬給以色列的台拉維夫醫療中心。

這樣的對話在我們用五道主菜中不曾稍歇，但結束時進入高潮，最是精彩。喝過白蘭地後，第一位富豪問道：「您抽雪茄嗎？」

「是的。」

「哦，那您一定得試試我的。我的是馬可仕總統上星期送我的。」

這下好了，唉，真是拜託，第二位富豪很得意的從口袋掏出雪茄，說道：「不，試我的。我是從卡斯楚那兒拿來的。」

他們彼此可能都覺得對方是個傻瓜，拚命爭强鬥勝。但是如果任何一方肯稍微謙虛一些，表示讚佩對方的遊艇、噴射機、或是以他命名的醫院一側廂房，我想一定會產生較有利和持久的效果。

碰到許多這種頗有成就，或自覺如此的人，想舉起號角自吹自擂時，我想最好的辦法是來點伴奏，而不要企圖用你的鼓聲來淹沒他們。

爲何下錯決定

了解我的人覺得我做決策爽快俐落，但是有時我也會需要好幾年的時間，才能下定決心。這樣聽來好像我有兩種不同的說法，倒是沒錯。

做決定時，我決不輕易承諾。我珍惜自己的允諾，因而不肯貿然做思慮不夠周密的決定。但是當我一旦決定了，我也不會頻頻回首或反覆猜疑。

可惜，即使這樣，也不能保證我的決策絕對無誤。就像所有的人一樣，我還是會聽信模稜兩可、似是而非的論調，而覺得錯誤的決定是正確的。在下列五種情形下，常導致錯誤的決定：

1. 不明所以

我遇見人時，從來不假設他們已經知道我是誰，只要稍微覺得他們可能忘了我的名字，我就伸出手來，自我介紹說：「您好，我是麥考梅克。」我不會等他們來問我。這種作法減少了尷尬和窘迫的情況發生。

談公事的對話中，這種情形也常發生。有人因爲不好意思或是不必要的客氣，陷於他們完全不明所以的討論中，根本不知道對方在說些什麼。更糟的是，就順著這個趨勢，糊里糊塗地做了決定，而始終沒有停下來問問自己：「到底我們在談的是不是同一件事？」

2.人云亦云

集體的意見很少做成好的決定。如果多數人聚集一堂，以達成共識爲目標，那麼他們本身研討的能力就不太管用。

這一羣人容易妥協，因爲懾於上司的威嚴，而發表上司可能愛聽的意見，他們不願與同事衝突。不消多久，一種不真實的、飄飄然的集體共識掌握了全場。這種不切實際的美感，常導致不切實際的決定。

這就是爲什麼甘迺迪總統和他最優秀、最聰明的智囊團居然會相信：一千四百個古巴的放逐者，可以在不可能的情況下侵入豬灣（Bay of Pigs），打垮卡斯楚的二十萬名軍隊。

有時人云亦云，不過是因爲自以爲其他人都是這樣的想法。因此，我細聽所有的看法及意見，而在衆人散去之後，才單獨做決定。

3.語言煙幕

一件事有八〇%成功的機會，另一件事有二〇%失敗的可能，你會選擇那一項？多數人會選擇前者，雖然二者其實完全相同，前者聽來較爲有利，因爲它只提成功而不提失敗。

優秀的行銷人員懂得怎樣用最佳的角度、布景來展現促銷，但是聰明的決策者能洞悉對方的技巧，而從其他的角度來做客觀的觀察。

4.大而化之

認識比你職位低兩層的員工，會使你比其他人對公司有更多的了解。同樣的道理，資訊的來源也應當追溯至更基層。一談到數目字，很多主管都大而化之。他們看看手邊已有的資料，尤其是與自己想法吻合的，就滿意了，而不肯再花工夫去獲取比較可靠的資訊。以最平常不過的例子來說，假設我擁有個汽車經銷公司，我問我的行銷經理生意做得怎麼樣了，他說：「好極了，這個星期我們銷售了五十輛的汽車。」好，這雖是最新消息，可是其實毫無用處，他沒有告訴我上個月或去年同期的銷售量以做比較，或者這五十輛中有幾輛是獲利較豐的大型車種，或有幾輛以較有利的貸款利息貸出。在我認定這位行銷經理的表現之前，這些都是必備的資料。

5.套用老招

許多人難免樂於套用過去成功的經驗，來解決現今的問題。長此以往，過去光輝的歷史卻可能不符現狀。你陶醉在有關自己功績的剪報裏，所有的情況都拿來與過去經驗相比，你希望發現雷同之處，卻沒有正視新機會所展現的各種不同之處。

我們當然得從經驗中學習，但是要記住，經驗並不一定隨時隨地完全適用。

訴諸個人因素多占優勢

「這不關個人，純粹是公事公辦。」科爾隆（Michael Corleone）在普佐（Mario Puzo）撰寫的「教父」（*The Godfather*）劇本裏有這一句話，這其中的分際耐人尋味，因爲在談判中如果能加上一些私人因素，通常能占點優勢。

我在多年前，爲我們的運動員客戶爭取長期合同時，就體會到這一點。比如說，可以在⑴簽一年的合約，而在五年內每年可以續約；⑵簽五年的合約，而一年後可以解約的二種條件中，您會建議您的客戶選擇那一項？

我們建議客戶選擇了後者，因爲對方很容易採取不續約的行動，但是要他來告訴你：「你被解約了。」就不那麼容易。我們發覺：續約，是公事；解約，卻純屬私事。

訴諸個人感情因素，幾乎在協商的任何一個階段都可適用，最好的例子是加州雜誌（*California*）曾報導，普佐的律師費爾斯（Bert Fields）怎樣爲他解決了一項合同的爭端。

普佐繼教父影片的成功之後，又撰寫了超人（*Superman*）和超人續集（*Superman II*）。超人影集的製門人薩金德（Alexander Salkind）卻不肯如約支付普佐一部分門票的收入。他用成羣的律師作爲代言人，聲稱普佐的劇本不合「影界標準」。

費爾斯在全世界各地蒐集證言的過程中，逐漸了解並欣賞薩金德處事細膩的風格。他注意到他對女士彬彬有禮，隨時不忘客氣，並以他的人際交往自豪。費爾斯於是想到，對律師而言，普佐不過是一樁公事，但對薩金德來說一定有個人感情的因素。

費爾斯約了薩金德以及他的律師在義大利的沙雷蒙(San Remo)繼續洽商，當他們正親密友善的談天時，普佐說巧不巧地，居然施施然從旁走過。薩金德很意外，卻很自然地立刻上前擁抱普佐，喊著說：「馬利歐(普佐的名字)！我的朋友！」

就在此時，費爾斯插嘴了：「薩金德先生，普佐有任何沒有履行合約的地方嗎？」薩金德猶豫了一下，他能當面侮辱他「親愛的朋友馬利歐」嗎？他與他的律師商談了一下。費爾斯又追問道：「薩金德先生，普佐有任何沒有履行合約的地方嗎？」

薩金德對普佐微笑著回答：「普佐先生不僅符合了所有合約上的要求，而且還做得好極了！」

費爾斯的技巧看來也許極端，但並非濫用，因爲它運用了個人因素，來化解在公事公辦上已陷入僵局的死結。

但相反地，特別是與親密的朋友，個人的因素卻常超出適當的範圍，我見過企業人士把明明不好的交易介紹給朋友，希望因私人情誼而得到對方的同意。這是濫用關係，就好像你最好的朋友開口向你借閃亮的新車，你不好意思拒絕。但如果是一個善體人意的朋友，一開始就不會這樣要求。

與朋友做生意上的來往，最好是就事論事，而不要用積欠的人情。一位主管有一個很好的構想。他起先很猶豫，不知道怎樣跟他的朋友談這個方案，最後，他讓他的朋友先有機會作決定。他說：「這個方案很有前途，我知道我會找到人合作，但是因爲我們的關係，我想先讓你看看。」

假如談判純粹是公事，想辦法加入個人的因素，假如始於私人的關係，就要維持公事公辦。

差强人意的交易

談判經驗豐富的人告訴我交易可以分成三類——好的、不好的，與差强人意的。好的交易雙方皆大歡喜，不好的交易有一方比另一方高興多了，而差强人意的交易，雙方其實都没有什麼好埋怨的，但是他們照做不誤。

這就是麻煩所在，這種不滿可以導致積怨日深，而損毀健全的商業關係。因此我覺得差强人意的交易最是危險。

多年前，一家正在快速成長的小公司延聘一位專家當顧問，卻只能付給他平常顧問費的一部分，這位顧問雖然勉强答應了，但是因爲不支全薪，給對方的服務也打了折扣。在他的心目中，由於酬勞較低，因此也不重視這個客戶。他不回電話，交出品質低劣的報告，不能如期完成工作。

不可避免的，客戶終於覺得：即使酬勞打了折扣，卻還是付出太多。至於這位顧問更是全盤皆輸，他減低了酬勞，損毀了名譽，並且失去了一個有前途的客戶的信任。與其這樣，倒不如一開始就完全不做。

那麼，差強人意的交易要怎麼樣才值得做呢？

1. 明言在先

如果所做的只不過是一件差強人意的交易，一開始就要有言在先，向對方表明你的不滿意的地方，而不要將不滿反映到你的工作上。

我常聽人完成一件事後再來私下埋怨。這正像去餐館吃飯，全部用畢後再跟餐館經理抱怨一樣。

惟一能讓對方知道你認爲這樁交易極其普通、差強人意的方法，就是告訴他們。

有些公司有意聘請我們的運動員客戶，卻只能付五千元的低價。雖然行情也許是四、五倍之多，我們並不會馬上拒絕這個提議，我們也許這樣說：「好吧，我們的客戶同意這個數目，雖然他從來沒有同意過二萬以下的酬勞。但因爲他喜歡你們，而且覺得將來有更多合作的機會，所以他應允了。但是你們要知道，五千元對我們實在不是好交易，另外，我們下次不會再同意這樣的數目。」

這樣的坦白不僅讓他們覺得欠了一點人情，而且也讓他們想到將來的後果如何。

2. 明眼觀察

對一件普通的交易，最好的辦法就是先看清楚，而把它當做帶來許多更好交易的第一步。

美國足球聯盟(National Football League)的國際化即是例證。

幾年前，我們剛剛開始向全球推動國際的電視轉播權，當時國外對美式足球十分冷漠。我們知道這是長期抗戰，要有好幾年的時間慘淡經營，忍受許多普通的交易。但是我們決定咬緊牙關度過這一段時間。

一九八二年在英國的閉路電視戲院我們播映了老鷹隊對抗突擊者(Eagles Vs. Raiders)的超級足球盃(Super Bowl)，整個節目很有趣，有一點幽默諷刺，但是很英國式。男士們打著黑領帶，廣告時，燈光亮起，讓英國的啦啦隊上台助陣。之後，我們找第四頻道播出「本週熱門比賽」，但是還是沒有什麼起色。

我們的計畫很簡單，我們將「本週熱門比賽」製作成一小時的緊湊節目，希望引起英國大衆對美式足球的興趣，而給將來帶來更有利的條件。這是敗部冠軍的想法，單純而簡單，但是你要不斷地提醒自己和對方這種局面，不會一直這樣持續下去。當然，現在美國足球聯盟已經進入擴充的第二個階段，他們的比賽已可在海外實況轉播了。

我們在日本也採用類似的作法。美國足球聯盟和可口可樂在東京一個播映閉路電視的早餐會裏播映了超級盃。在澳洲，也開闢了星期一晚間的足球賽節目(Monday Night Football)此外，在義大利，有三區七十二個球隊打美式足球，甚至有個歐洲盃(Eurobowl)來決定歐洲美式足球的冠軍。

將來美國足球聯盟加盟隊中，有的隊伍還可能命名爲巴黎豹或東京虎呢！

這樣的成功是在創始之際，幾乎是把成品雙手送人時所想像不到的，你需要經歷好多筆並不怎麼樣的交易，最後才能享受豐收的成果。

如何成爲世界級的談判高手

長於談判的人有什麼樣的特質呢？一個談判高手會懂得：

- 要爭取的項目。
- 合約的有效期限。
- 牽涉的對象。
- 不牽涉的對象。
- 金額的數目。

這些是談判的基本要件。只要能敲定這些項目，在冗長緊張的協商過程中，你至少不會做得比對方差。

談判當然不只是記住這些有關內容、時間、對象、多少的原則，列舉了以上的要件後，我要描述世界級談判高手所具有的特質，這些特質能使高手們達成所希求的條件，而不需委屈自己、客戶或交易本身，同時對方也不覺委屈。

1. 避免衝突

許多人將厲害高明與衝突對抗混爲一談。事實上並非如此，衝突對立是談判中的一部分，但絕非一般人想像中的重要，這與厲害或英雄氣概毫無關係，而完全是運用時機步調的問題。

以談判的一般原則來說，我把所有衝突的項目都留到最後。如果有些項目容易引起爭議，我會先談妥其他事情，再行討論。

這樣的作法在兩方面有好處。首先，你有一個好的開始。如果一開始就在難處上僵持不下，很難叫人隨後在其他項目同意讓步。

其次，這對定案較爲有利。經過幾個星期或幾個月的辛勞，只要是惟一懸而未決的問題，不管怎麼棘手，大家都會比較願意達成協議。

2.安排陣容

高明的談判者對談判時應該帶誰上場非常謹慎。比如說，很多時候我都避免在場，這是最聰明的做法。對方急於知道決定或答案時，我的代理人可以說：「我覺得蠻有道理的，但是我得問問梅克。」這種拖延戰術雖然有時會讓對方不高興，但有機會私下商量卻對我們的立場有利。

同樣的，如果我帶了所有與作決定相關的人出場，我就失去了私下和不在場的人商量的機會。我的經驗中，不要所有需做決定的人都在場，會有很大的好處。

3.衡量名氣

每個人到談判桌上時都多少帶著「包袱」——經驗、名氣、個性上的缺點、嚴密督察的上司。專精談判的高手，在談判之前就先衡量：自己所帶的包袱是不是對方願意背負的。

有一次一位同事建議我不要介入協商。他認爲我以厲害能幹著稱，因此對方會更加嚴格固執來應付我。

被恭維成「西部第一快槍手」雖然很中聽，但我還是沒有接納這個建議。我看不出有什麼因對方尊重我，而更加努力來與我對陣，我就得避不上場的理由。

這使我想起柏格名列溫布頓賽第一種子球員時所說的話。

我問他：「你覺得你的出賽表現好不好？」

「這又有什麼差別呢？」他說：「我是世界第一。我就應該打敗所有的對手。」

4. 巧妙刺激

對方的競爭者是在談判中看不見的、也最不受重視的因素。其實所有的公司都掛念競爭者做了些什麼、正在進行什麼及將要做什麼。這種思慮激勵他們、折磨他們，而以自我的意識來說，能刺激他們作出不尋常的舉動。

對這種競爭意識能敏銳易感的話，常能談成超乎意料之外的條件。

幾年前聯合製片公司（United Artists）所有的資深主管在同一天內全體辭職。新上任的管理階層要面對的問題很明顯，就是要讓製片界知道聯合製片的地位還是一樣舉足輕重。

解決的方法是，即刻發表重大的聲明，以好萊塢的方式來說，就是「花大筆的錢」。

適蒙其惠的是新聞作家泰樂斯（Gay Talese）。他正想把他的暢銷書「鄰舍之妻」（*The Neighbor's Wife*）賣給影片公司，這本書雖是暢銷書，但屬於非小說類又不旖旎誘人；而且，很多人的意見認爲，此書根本不適合拍成影片。泰樂斯的經紀人包爾（Martin Bauer）卻了解：此時聯合製片爲了面子問題，有心花錢。

聯合製片最後付了二百五十萬元買下版權，因爲他們要向競爭者示威；而包爾深知其中奧妙，靈活地應用了這一點。直到今天，這本書還是沒有拍成電影。

不可否認的，好萊塢有其獨特的方式。但是競爭的衝擊、活力，在各行各業普遍存在。不論是福特與通用汽車、百事可樂與可口可樂、或同一地段的兩家雜貨商店中，都隨時可見。談判高手具有這種直覺，並且從中得利。

5.坦白相待

善於談判的人坦蕩磊落，並不迂迴閃爍，這種罕見的特質特別讓人寬心。在協商氣氛緊張或即將瓦解時，坦白特別有其效果。誠實直言：「我衷心希望能促成此事」或是：「這對我很重要」，可爲整個過程帶來清新的氣息，並除去疑慮，讓對方知道這件事對你有很大的影響。

我也發現坦白最有效的時候，就是用在一般人最易拐彎抹角之處：價碼。很多人不敢要求高價，惟恐對方覺得自己圖謀暴利。我不這樣想，因爲我願意坦白告知我的成本和利潤，因此我不畏懼要求「大的數目」。

最近我們爲一電視台製作的方案價碼是一千萬元。他們喜歡這個構想。但是協商工作卻毫無進展。原來癥結所在乃是，他們以爲我們的利潤是五百萬元，覺得很不合理。

很多時候，交易就僵在這兒。一方欲知對方的利潤多少，而另一方採取强硬姿態，覺得我的利潤多少，與你無關。

這正是公開、坦白使對方寬心的時候。我們一步一步地分析我們的預算給電視公司聽，並且說服了他們，一〇%的利潤並不算高。

這樣談開以後，談判就很順利地繼續進行了。

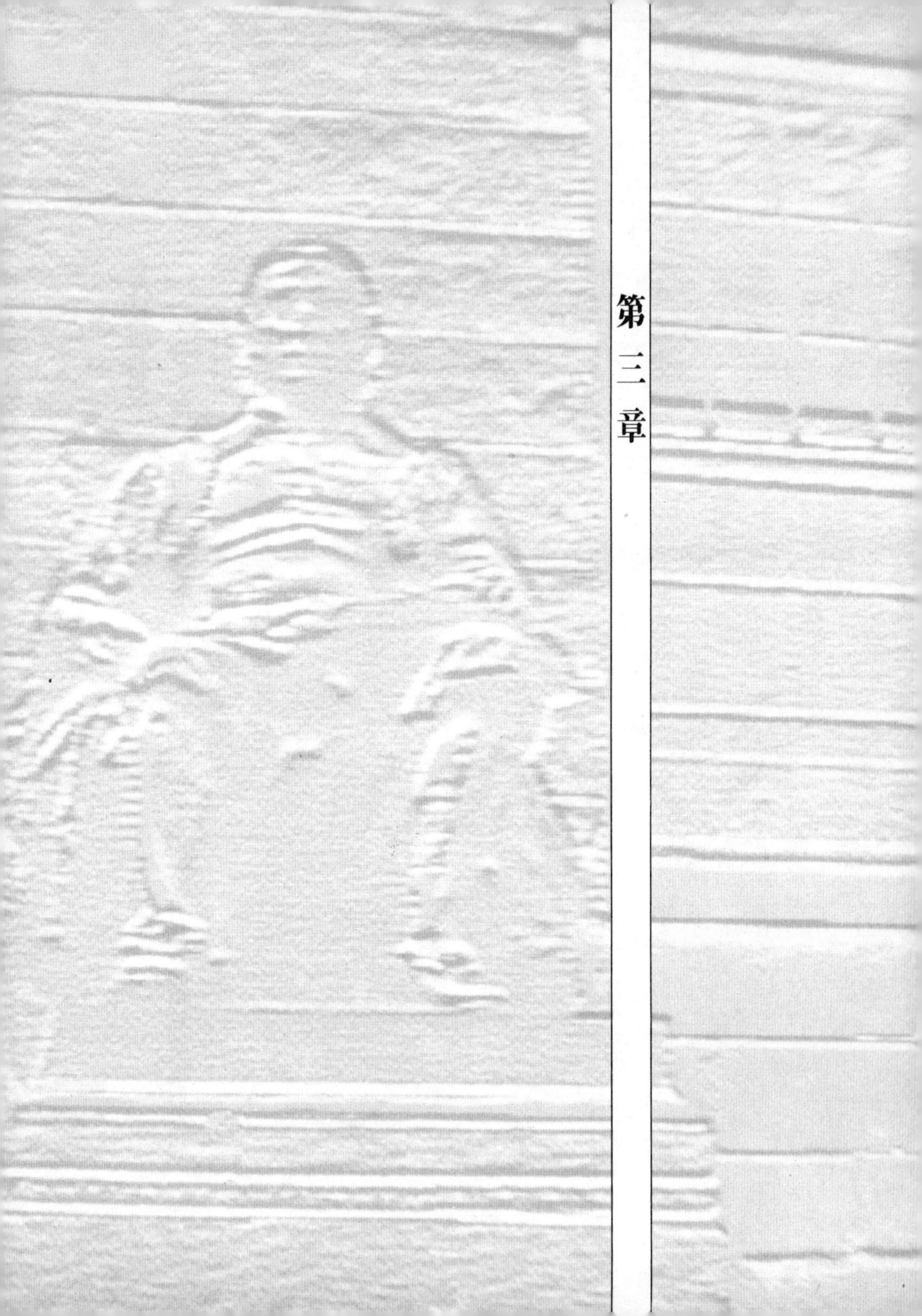

第三章

管理良方

許多傑出主管都懂得分享成就。
歸功他人，並不代表別人多得幾分，
你自己就少得幾分。
這反而能鼓舞員工的士氣，
更大大提高你在別人心目中的地位。

海派的CNN有線電視新聞網的企業家透納(Ted Turner)，有一陣子不斷擴張他的廣播與有線電視的王國。他對創業的哲學有如下的解釋：「你要知道，我從來不在意盈餘。我的目標是建立價值。」

透納的觀點相當可取。任何一個企業家都不當忽視：盈餘本身只是在股市評價時才值得計較，在私人企業裏並不是最切身的問題。如赫斯特公司(Hearst Corporation)的董事長貝納克(Frank Bennack)所說的：「在私人公司裏，利潤不是最重要的，而是要妥善管理現金。」而善用現金最好的方法，就是把錢再投資到公司業務上，或與員工分享。

我想很多小公司的老闆懂得這一點，但並沒有充分發揮、付諸實行。一旦企業賺了錢，他們馬上變成小格局、小心眼，把賺來的錢存到銀行，以備不時之需，才有安全感。雖然安全無虞也是合理的目標，但在快速變遷的經濟環境中，穩定的成長卻更爲重要。把現金用來購買隔壁的店面，擴充企業，十年之後，不止銀行裏有充裕的款項，而且還能夠建立五十倍於首創時的企業規模。

爲什麼並不是每個人都能看到這一點呢？一則是因爲，並非所有的人都要建立「大」企業，而且有的人不願意冒險。但最可能的原因是，很多人不知道在企業成長過程中，自己究竟位於那一個階段。

建立企業三階段

在建立企業的過程中，企業家通常會經歷三個階段：

第一階段，企業初創之時，一心所想的都是收入，並非「盈餘」、「淨收入」、或「投資報酬率」，而是銷售額、可收入款、現金。所有的心思意念都是：我一定得有錢來應付我的開銷，使生意得以持續下來。

第二階段，這時你發現雖然收入很多，但並沒有盈餘，因爲開支太大了。所以你開始降低成本，節制開銷，以期有所盈餘。

第三階段，最後你發現，私人公司要成長，並不只是第一階段的增加收入，或是第二階段的減少開銷，而是仔細衡量之後將兩者混合運用。這時你開始利用現金，作資本投資，增加資產，如透納所說的「增加價值」。

即使最厲害的企業家有時也對他所身處的階段感到混淆，許多人停滯在初創階段「我們需要收入」的心態，而不了解，其實他已經在第二或第三階段。在只重行銷，而不懂得管理的企業家身上隨時可見這種例子。同樣的，也有人跳進減縮成本的第二階段內，而並不察覺他們其實已在第三階段，需要擴充投資，爲將來的成長鋪路。

如果行之得宜，可能還有第四階段，那時你可以功成身退，賣掉公司，這時就得注意以盈餘增長來吸引買主。

如果三年以後想賣掉公司，可以如下進行：第一年作到盈餘二百萬，第二年六百萬，第三年一千萬。此時賣出，只要在前面三個階段都正確無誤地實行，你幾乎可以開出任何你想要的價格。

成長茁壯

「內部創業」（intrapreneuring）在美國企業界已經成爲一種流行時髦話，這句話就是說，在公司裏，把員工都變成有創業精神的企業家。

我並不認爲單單靠口號，就能夠把創業家的獨立性以及創業家的精神，融入大公司的體系，我也難免懷疑在這些創業者當中，有多少人能不以自我爲主，而以公司的利益爲優先。

創業精神真正的意義是，每一個健全的企業都當致力於不斷茁壯成長。然而成長要有正確的理由，正確的方向。我們公司擴充成長，儘量基於加强效益的原則，專注於自己最擅長拿手的，並把它應用到別人尚未嘗試過的層面。

我們的財務人員替柏格等人負責投資、稅務計畫，他們做得很有心得，便向我建議：「我們幹得不錯呢！我們想成立自己的利潤中心，以事務繁忙的主管和專業人士爲對象，擴展我們的財務服務。」我同意了，並且以公司所來往的知名人士，來支持他們的作業。這就是我們財務經營公司的起源，今天錢雜誌（*Money*）讚許我們爲「堪稱在財務計畫這一行中，最爲周全的公司」。

我們涉足古典音樂界是另一個例證。

我們在運動界的管理、行銷、財務的經驗與專長，都一樣可以適用於音樂界，因爲我們有充分的理由：(1)運動與音樂事業都需要國際性的稅務計畫；(2)運動與音樂都是超越語言的演出；(3)音樂家的生涯比運動家還要長；(4)贊助運動節目的大公司對藝術活動興趣日漸增加；(5)音樂家的收入已經大幅提高。

公司裏惟一欠缺的是音樂方面的專長，我們向外徵求，於是就踏入了音樂這一行。

構思之後如何處理

一個構想產生之後，最脆弱危險的，就是當有人聲稱：「這是個好主意！」的那一剎那。這正是多數人決心立意、羣起攻之的時刻，他們反對它、抗拒它、誤解它、誤用它、失掉它、忽視它，或惡之欲其死。

有一些謹慎的做法可以減少這些傷害：

1. 捐棄自我成見

反對一個好的構想比擁護贊成要容易得多，特別是當這個構想並非出於自己的時候。這是人類天性。

許多人都希望自己是第一個開創致勝觀念的人，因而聽到別人嶄新的創意時，就會防禦抵抗。他們自忖：「為什麼我沒有想到這個主意呢？」隨之即用各種藉口和自我辯解來攻擊這個構想。

身為主管的人，必須洞悉這種「人之常情」，不論是來自自己本身或來自他人。在一片因產生新構想所激起的興奮中，常常不容易區分出磨刀霍霍之聲或喝采的掌聲。

2. 不要照章行事

一般人對好的構想的反應，常常是找出與以前做過的事有相似處之後，便著手進行，即使產品、市場、時機、人員都截然不同，他們仍然照做不誤。其實真正的契機，經常都隱藏在不同的地方。

我所知道的最顯著的例子，是紐約遊艇俱樂部(New York Yacht Club)與我們的客戶皇家柏斯遊艇俱樂部(Royal Perth Yacht Club)，雙方幾年前為美國盃(the America's Cup)的專賣權之爭。

多年來，紐約遊艇俱樂部以美國盃的名字和商標的專賣權，賺取了相當可觀的收入，當一九八三年澳洲隊的選手打敗了美國隊時，此盃易手，皇家柏斯俱樂部成爲美國盃的新贏家。我們認爲專賣權利金亦當與美國盃同屬柏斯俱樂部。紐約俱樂部卻不以爲然，並用盡了各種法律途徑，來阻撓柏斯促銷兩年之後的比賽活動。

我們公司以往處理過很多類似的問題，通常解決方法是登記註册商標，對簿公堂，然後耐心地等待勝訴。但是柏斯急需款項來籌備兩年後花費龐大的比賽，因而我們採取了與以往不同的措施。

我們建議柏斯召回律師，只簡單地寫了封信給紐約遊艇俱樂部和所有其他參賽的隊伍。信上主要陳述：「任何杯葛皇家柏斯遊艇俱樂部，不讓它採取與紐約俱樂部一模一樣的方式來促銷比賽的，不准參加在柏斯舉行的比賽。」沒有第二句話。

沒有人敢對這封信挑戰。所有的隊伍都來參加比賽。專賣權就此輕移，落至柏斯。

3. 針對獲利率

我心中有個備忘錄，記著自己曾出過那些賺不了錢的「好」主意，和偏偏就能賺錢的「壞」主意。這是惟一提醒我自己隨時要針對獲利率的方法。

對我來說，在商場上圖謀生存，就是不斷地權衡風險和獲利可能，而不論一個構想有多華麗動人，我總是專注於獲利率有多少。

比如，公司裏有人建議我們製作「介紹大學」的錄影節目，介紹幾十個熱門的美國大學，以預備進大學的高中生和他們的父母作爲促銷的對象。主要是以節省參觀學校的旅行費用來打動他們。而大公司素來熱中高等教育，可能會贊助製作。

表面上看來，這是個好構想，對象是學生和富裕的父母，和有心打入這羣顧客的大公司，而且，我們也可以藉機向大公司展示本公司製作影片和市場顧問的經驗。

但也正根據我們的經驗，我知道把錄影帶分送給各個高中生是幾近不可能的事。姑且不論父母願不願意將五、六萬美元的大學學費的投資，經由看了一個三十分鐘的錄影帶而決定，事實上，根本沒有一個划算的方式寄發和收回這些錄影帶。

這計畫會花上許多的金錢、時間、人力，而等到真有所回收時，正好替競爭者畫好了藍圖，好讓他們如法炮製去製作其他學校的影片。這主意可能是好的，但是它的創意既不能加以保護，又不能爲公司獲利，所以不能採用。

贏家强於英雄

每個人在事業生涯中總要面對一個問題，你要做英雄還是贏家？

英雄是閃亮耀眼的風雲人物，每當爲公司打了全壘打，名字立刻就見諸報端的那類人。贏家與英雄表現一樣優異，卻却極少有機會在第九局下半局、人人屏息注目的勝負關鍵上場打擊。然而他們卻是優秀的外野手與穩定的安打者，他們不需要煙火、掌聲和走鋼索的絕技，照樣成績斐然。他們是：在英雄擊出獲勝的那一棒時，跑回本壘得分而卻常被忽視的人。

一個成功的公司兼具二者，但整體說來，我偏重贏家，因爲他們清楚自己的角色，並且克盡其職。我很用心鼓勵他們，適時加以獎勵，而同時遏止他們「英雄式」的衝動。

我們公司裏有許多的專才，每人各有所長——投資、會計、稅務、合約法、電腦制度，但是令我很驚訝且倍覺苦惱的是，有時這些專才急欲從事本行之外的業務，在工作上他們是表現優異的佼佼者，但是他們卻認爲如果他們不是衆人矚目的焦點，就不是公司裏的英雄。

結果，他們搶著爭取與他們的專長只稍微沾得上邊的知名度高、衆所矚目的方案。這下子，會計人員想製作體育電視節目；財務經理要與他偶而提供建議的運動員稱兄道弟，把酒言歡；律師要去試著爭取球隊隊員的合同。這些對他們自己和公司都造成反效果。

希望能成爲衆所矚目之焦點的心理是很容易了解的。一個聰明的財務分析專家，如果替世界頂尖的運動員設計了一套活用的稅務計畫，並不會被登在頭條新聞上，也不會和那些幫球員簽了數百萬元合約的運動部門主管一樣同享盛名。但是這位財務分析人員應當有足夠的智慧，知道他的專長對我和對公司的價值。如果他沒有這樣的認識，我就會提醒他。

我會指出，要找到擔任風光職位的人比延聘專門技術人才容易。這件事也提高技術人員在我心目中的價值，和減低一些風光人物自以爲「不可或缺」的驕傲。推崇平常看來比較不顯眼的專才是很重要的，即使你只是用高薪來表示對他的重視也好。

附帶一提，身爲名字常見諸報章雜誌的「名人」，我可以這樣說：在你的行業裏，小有名氣對事業一定有所助益；但是存心出名上報，是一種無謂的追求，尤其是因而不務正業，更是得不償失。不要忘記是誰付你的薪水啊，並不是報社！

如何管理各色人物

我最近唸到運動心理學家雷納(George Leonard)所描寫的關於人們在學習一種運動時，所呈現的四種學習曲線。

有三分鐘熱度型，他的衣櫃裏塞滿了高爾夫球、網球拍、跑步的鞋子，還有啞鈴，一一都是他起初興致高昂，終究不能持久不懈，虎頭蛇尾的證據。

有狂熱著迷型，一開始進步神速，卻因爲迫使自己維持同樣飛快的速度，最後卻油盡燈枯而中輟。

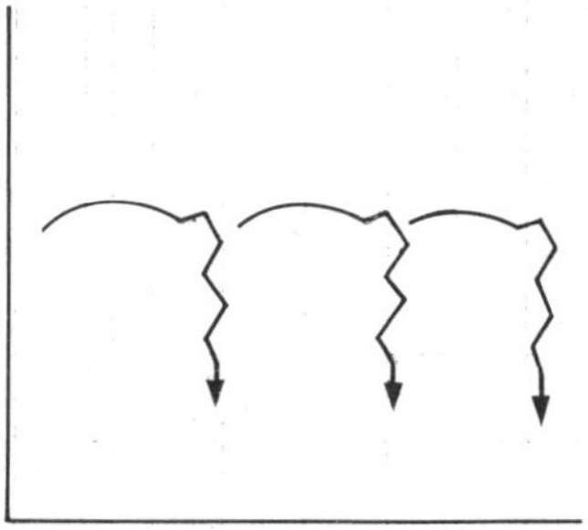

三分鐘熱度型

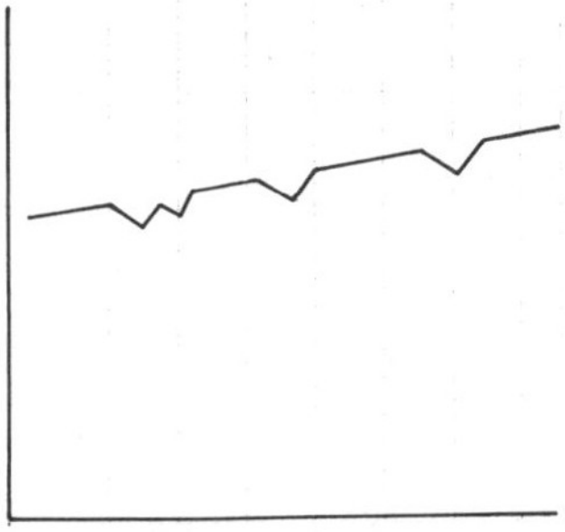

優秀人才型

有駑馬勞役者，通常專精到某一程度，就心滿意足，而不再求精進。他常仰仗某一種長處，而遮蓋其他許多缺點。

而大師高手者，他們知道人能夠脫穎而出，是在進步和挫折中不斷地奮鬥，在低潮時仍能重整旗鼓，重新出發，終有長足的進步。

運動上的成功與企業上的成功有許多類似之處。許多企業人士的事業表現也可以大致仿照雷納的四種曲線來區分，我將他們分成以下四種類型：

1.優秀人才型

優秀人才者扶搖而上的曲線並不是平順無波的，也有顛沛困頓的時候。這表示一些微小的挫敗，錯誤的計畫，客戶的流失，銷售額未達標準，都是他們需要克服的，同時

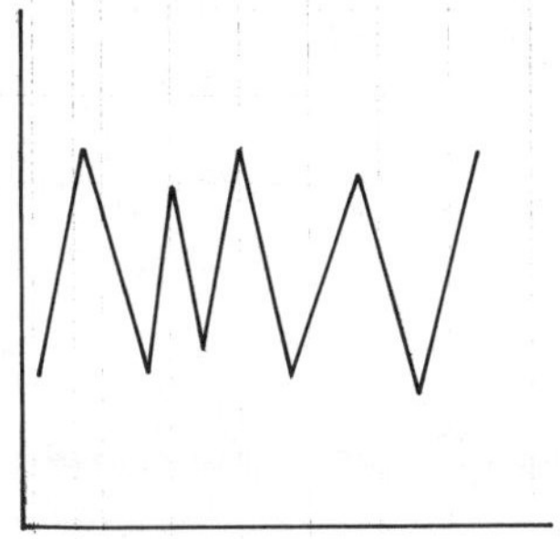
大起大落型

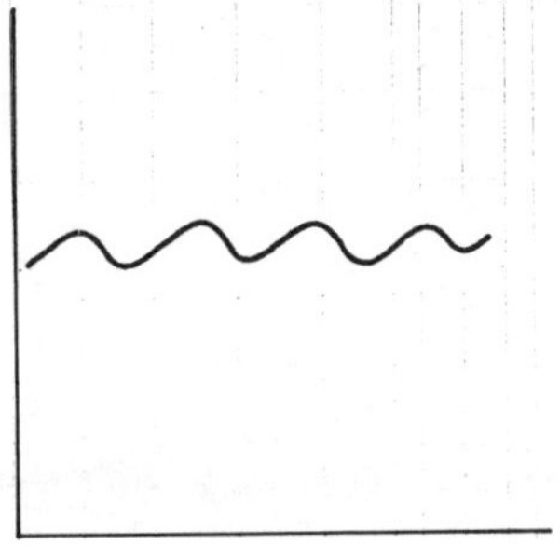
循規蹈矩型

也顯示了優秀人才不畏冒險的祕訣，他們也具有獨特的品質，能從錯誤中學習，而不重蹈覆轍。

如何對待優秀人才呢？首先，要認知優秀人才各有不同。屢建奇功的英雄爲公司帶來大筆的交易，而贏家卻能在細微但重要的地方，維持公司對品質的要求。二者都是優秀人才，應當同樣重視。

其次，盡你所能去發掘栽培新人，即使必須經由嘗試錯誤的過程亦無妨。有的人在某個職位上不能發揮才幹，調至另一個部門時，卻大放異彩，開闢出一片新天地。

2.三分鐘熱度型

許多人在某一個工作上待兩年，又在另一個工作上做一年，反反覆覆，從來不曾察覺到自己一直走走停停。他們的聰明才智足以找到一份好的工作，但卻沒有自律自治的能力，不能在工作上有所發展或僅僅只能保全其職。

如何管理這類型人物呢？他們對新鮮的事物覺得興奮有趣，等新奇感一消失，就覺索然無味。有些方法可以針對這種喜新厭舊的個性，而塑造出可用之才。主辦節目是一個很合適他們的項目。他可以在三個星期中，興致勃勃地忙著準備世界冠軍滑雪節目，等他興頭消失了，比賽也近尾聲。那時，他已經又一頭栽進去籌畫下星期的高爾夫球賽了。

3.循規蹈矩型

這些是準時上下班，朝九晚五的人。他可以是卓然有成的專業人員，但工作之外，他仍有其他興趣。公司成長，他亦隨之陞遷，但絕對比不上優秀人才的驚人速度。

我年輕時，不知道拿這型的人怎麼辦，當時我年輕氣盛、充滿野心，所有想做的都是更多的超越——更多的創造、更多的盈餘、更多的自我滿足、獲取更多的讚賞。而我全然不能了解，別人爲什麼不像我這樣專注目標，全力以赴。

現在我漸漸了解，公司裏也需要這型的人，而且在合宜的情況下，他們一樣表現優異。身爲經理主管的責任，就是要替他們創造這種環境，並引導他們走向正確的方向。

電腦公司或製藥廠即是一例，有人頭腦聰明，而個性又適合經年累月地從九點到五點研究一個新藥或微晶片設計，當新產品上市成功，公司搖身一變成爲百萬企業時，便要歸功於他們了。

4.大起大落型

這類型的人在個性和工作的表現上都是大起大落。每件事都是非黑即白，一件方案不是全然投入就是事不關己，從來沒有中立的可能。同事不是與他同一陣線，就是反對黨；敵我分明，沒有什麼中立者。因此，他們也不肯將就次好的選擇，惟恐降低了自己的標準，因而錯失了許多可行的觀念和機會。

上司要如何怎樣管理他們呢？這型人的問題是：無法預測他們的表現，作爲計畫未來的標準。他們可能表現卓越，讓上司與有榮焉；但也可能陷入低潮，拖垮士氣，用盡公司的資源。

這種人比其他人都要花費心神來監督看管。你只能在他們表現不佳時，勤加督促，而在他們表現良好時，讓他們充分發揮。

建立企業文化

記得「企業文化」這個大家耳熟能詳的名詞嗎？幾年前，這是個重要的熱門字眼。它的觀念其實很簡單，即一個公司的文化，也就是所共同擁有的價值、目標和作風，能畫出成功與平庸的分野。

曾幾何時，企業文化已被譏爲風行一時的狂熱，只是在企業經營不當時用來藏拙的特效藥、萬靈丹。

商業週刊(*Business Week*)這樣調侃一位公司主管：他在聽了一篇有關企業文化的精彩演講後，轉頭向身旁的部屬，感嘆地說道：「這個公司文化的玩意兒真管用，我星期一就要一個。」

我並不同意企業文化已經像原始恐龍般消失了，許多像ＩＢＭ、寶鹼(Proctor & Gamble)和摩根銀行(Morgan Banks)這樣的公司，都因其强而有力的公司文化而茁壯成長，吸收人才。公司文化的建立，需要經年累月不斷累積。以下我列舉七個步驟：

第一步：提高雇用標準

文化鮮明强勢的公司延聘第一流的人才，但卻不希望他們就職時心懷二意、猶豫不決。聘請的過程中，一方面以公司的長處來吸引他們，一方面也以冗長的工作時數和嚴格的標準來要求他們。在寶鹼，就是直屬上司自行評估甄試，而不假手人事部門，他們公開甄選，加上一連串的測驗和面談。到新手就職時，就已經很清楚工作的環境。

第二步：使新人虛心學習

第一流的公司對新人委以鉅大的工作量。如果他們不能勝任，公司愈早知道愈好。

冗長的工作時間還有另一個作用，它使新人不再驕矜自滿，而肯虛心向其他人討教學習。謙虛加上努力，專心與同儕長時共事，造成一種團隊精神。經得起考驗的人便成爲公司裏的佼佼者及並肩作戰的夥伴。

第三步：從基層做起

第一流的公司不論大小，都讓他們的優秀人才從基層做起。這是歷久不變的道理。正如一個擁有麵包廠的父親，會教孩子從怎樣烘製麵包、怎樣包裝、怎樣採購、怎樣行銷開始學習一樣，ＩＢＭ也固定給經理人員從基層做起的訓練。ＩＢＭ各階層的員工都知道這一點，也重視這一點。

第四步：設定員工努力方向

企業文化的加强在於不斷告訴員工公司的方向，並獎勵優良的表現。關鍵在於設定衡量成功的統一標準。假如每一個人都知道公司的目標是保持五〇%的市場占有率和二〇%的成長率，這就是大家全力以赴的目標。沒有這種清楚的目標，就無從談及企業文化，公司只會擁有得過且過的員工。

第五步：建立價值觀

賺錢是優良公司的成果，而不是它的手段。員工爲公司的價值觀念效命，自然會在盈餘上顯現出來。在ＩＢＭ，忠誠的顧客服務是成功的原因；在新力公司（Sony），不斷的創新淩駕一切，在艾維斯租車公司，員工都了解，能名列租車業的第二名，有其獨特的優勢地位。

第六步：宣揚公司傳奇

所有的公司都有傳爲美談的成功故事，但強勢的企業文化會不斷複述這些故事，將其染上傳奇的色彩。有一家床墊公司最愛傳頌的故事是一位行銷經理怎樣拖著床墊橫跨莫斯科的經歷，公司要傳遞的訊息是：你一定得先弄醒顧客，他們才會買你的床墊。

第七步：標榜公司英雄

最能激勵年輕新進員工的，莫過於公司裏成功的典範了。安排一些提攜後進的前輩，薪火相傳，堅立公司文化。

提升員工生活水準

我們公司的一位主管拜訪了一家軟體程式的公司，回來以後，對他們公司各方面都稱羨不已。這家公司聲譽卓著，而利潤的比率高達五〇%。

他說：「首先，我注意到接待員彬彬有禮，而旁邊又有兩個人接電話，因此沒有一個電話是響了超過兩聲以上才接的。」他也注意到，會議室的名牌標的是都是凱迪拉克（Cadillac）車子的名字，如席維爾（Seville）、艾朵拉多（El Dorado）和佛利伍德

(Fleetwood)。

他問及以凱迪拉克的車名替房間命名的原由，接待的人答道：「因爲我們自覺在這行業中最爲優異，因而以凱迪拉克自居。」更有趣的是，公司的董事長也以凱迪拉克的車子，獎勵表現優良的員工。

一位資深主管解釋道：「我們的行銷人員達到一定的銷售數量，並且在經濟上頗爲寬裕之後，就無意更上一層樓。我們惟一能激勵他們的辦法就是提升他們的生活水準，而凱迪拉克有其妙用。一夕之間，他們開著豪華的大轎車出入與車子並不相稱的社區，不多久他們就搬進了大房子，因而努力行銷賺錢，來付房子的分期付款。我們的格言是：改變他的生活水準，便能造就他的事業。」

我不太清楚有這樣想法的人到底是凡夫俗子亦或天才。但以公司高達五〇%的獲利來看，這方法顯然是奏效的。

切勿濫用人情關係

保護自己的領域是事業生涯的一部分。總是有人覬覦你的成功，企圖分享你的大辦公室、你的行銷領域、你的部屬，甚至你的職位。通常你會察覺，而加以防範。

但是當別人利用你的關係或人情時，很多人並不在意。一位公司的總裁告訴我們，他的祕書利用他商業往來的關係，替他自己的一位好朋友在一家休閒旅館，爭取到較便宜的住宿費用。

「我起先並不在意，」總裁說：「但我後來想到我的祕書是拿我作人情，那我至少應該知道這件事。我可能不願意她這樣用我的人情，我可能沒有這麼多人情好隨意花用。」

這和「兩男一女共餐」的情形有點類似：兩位男士約好共進午餐，而其中一位男士又帶了一位女伴前來。另一位男士對這位女性很有好感，因而第二天邀她赴約。他這樣做失禮嗎？

是的，我認爲他很失禮。除非他先問問他的朋友，弄清楚他們之間的親疏關係。

我也會期望在生意上的往來當中，能同樣的坦白。一個人介紹甲方與乙方認識，而另兩方做成一筆生意時，其實他並不在意要什麼介紹的費用，只要能事先照會他，讓他知情，就已經足夠了。這樣也可以避免日後很多不必要的誤會。

許多時候，我若覺得朋友或同事「背叛」了我，都不是因爲他們所做的事，而是因爲他們沒有事先告訴我。

聘請高明人才

聘用人才時，最大的錯誤就是沒能延請比你高明的人。

這道理本來好像是很淺顯的，反過來說，假若延攬的人都比你愚鈍，豈不是搬磚頭砸自己的脚？但是在聘用他人的過程中，很容易使人没有安全感，不論職位高低都是一樣。

一位最高級的主管用了一些逢迎諂媚的人，然後卻又不懂爲什麼這班人毫無創意；一個小企業的老闆故意用些看來似乎不錯，但卻没有好到能帶來客戶、獨立作業的人；一位即將離職的祕書找個不如她的人來代替她的位置，希望因此她會被人深切懷念。

你要自己以身作則，身先士卒，延攬第一流的人才，不然你的公司別無他路，只能淪於第二流。

廣告大師奧格威(David Ogilvy)在他的董事會議上生動地説明了這一點。他在每個董事的椅子上都放了一個洋娃娃。

「這就是你自己，」奧格威對諸位董事説道，「打開來看看。」

他們依言打開了洋娃娃，發現裏面還有一個更小的娃娃。把這娃娃再打開一看，裏面又有一個更小的娃娃。一直開到最小的娃娃時，上面有張奧格威寫的字條：「如果你永遠聘請不如於你的人，我們就成爲矮人侏儒的公司。反之，如果你永遠聘請比你高明的人，我們就會成爲頂天立地的巨人公司。」

精選合適人才

我們公司聘請各式各樣的人才，企管碩士、律師、會計人員、退休的運動員及曾任職大公司的人等。起初我們延請最優秀的青年人，以增加公司的潛力。只要他們聰明能幹，總會在公司裏找到合適的職位。扎根既深之後，我們就針對特別需要聘請專門人才。

聘請人才時，有一點要注意的是，不要只是因爲在他本人的行業中頗有名氣，就加以延攬。他專精的可能只是他的本行，而非你的事業。

我們的高爾夫球部門聘用了一位高爾夫球選手。沒有多久，我們就發現以前曾在高爾夫球場與他競爭的選手，並不認爲他現在坐在大辦公桌，就可以變成替他們經營事務、管理財務的專家。這些客戶心想：「他是打高爾夫球的，他怎麼懂得這些？」

同樣的，我們不需要足球員來代理足球比賽的事宜，也不需要精通滑雪的人來代理身爲奧運滑雪冠軍的客戶。

這些問題可能在我們公司較爲常見，但是我相信，不要只因名氣而聘用人才的道理，在其他行業裏也是適用的。

此外，我們希望聘請的人不要墨守成規、安於現狀。帕瑪在開始他的汽車代理業務後，聘用了一位大汽車廠的經理來替他經營。這位經理不習於控制開銷，精簡人事，更由於他出身於汽車製造商，便很容易接受廠方的種種藉詞，而未能全力爭取熱門的車種。

帕瑪終於換了一位能節省開支的人，這人絕不因別人說句：「我們一向都是這麼做。」就照做不誤。

我們並不是要輕視傳統或習俗，但是我們希望員工不要一味消極接受現實，而能夠對環境有所挑戰。

如何留住人才

留住人才並不需什麼妙方，簡單地說，就是：

- ●委以重責大任。
- ●給薪水不要吝嗇。
- ●告知表現成績。

可惜無法避免地，人才還是會離開好的公司。以下列舉了一些他們辭職離去的理由，有的你可以採取防範措施，有的你無法多做什麼。

1.出其不意的離職

優秀的員工突然離職，表示管理不善，應該要有人早些注意到他的不滿，而設法改善。

好的主管能敏銳察覺部屬的需要、愛憎，並了解如何激勵他們。員工不滿意他的工作時，有跡可循，例如他們遲到，延誤限期，説先生或太太小孩不喜歡他們工作的地方，種種理由不一而足，你可能無法立時解決他們的問題，但是你能了解並同情他們。奇妙的是，有時只是一點關心就足以化解問題。

2.未適才任用

員工的表現並不一定能代表他對公司的滿意與否。時常有些人純粹因爲能力高强、行事有規律，對興趣不大的工作也一樣可以做得有聲有色。

比如我們有位負責專利許可部門的主管，表現優異，屢創佳績，但他真正的興趣其實是在電視部門。以公司的觀點來説，他留在執照部門當然最好。但事實上，因爲他一心嚮往電視部門的工作，只要別的公司給他這樣的機會，他很快就會跳槽。

我們常用的辦法是讓他身兼二職。只要他真能勝任，兩方面都能兼顧，豈不皆大歡喜？

3. 對上司不滿

要談部屬爲什麼不滿意上司，我想用這本書所有的篇幅來寫也寫不完。但是不論是什麼原因，如果上司能時常保持一扇敞開的門，多鼓勵溝通，通常都可以化解。

如果說善體人意是主管的責任，那部屬也有責任告訴上司他的困擾或不滿，這責任是雙方面的。上司不能看穿員工的心思，但他卻能使溝通的管道保持暢通。

公司規模已經大到我不能叫出每個人的名字。但是只要有人要見我，不管是十五分鐘或三個鐘頭，只要告訴我，我一定會安排時間，也許有些員工不相信這一點，但聰明的人卻該試試。

4. 千里名駒難安排

偶而你會很幸運地得到一匹千里馬，奔馳神速，無庸置疑地，其能力遠超過他目前的職位。問題是：他應該跑得多遠，又跑得多快？

擢升這樣的人要用點腦筋，因爲一不小心就可能在公司人事組織上引起騷動。處理不當的話，不僅可能失去人才，而且會惹惱了被他遠拋在後的同事。

不可否認的，這是令人可喜的頭痛問題，但不要掉以輕心，等閒視之。

我們的高爾夫球部門聘用了一位年輕人。沒有多久，就可以看出他是一匹純種名駒，而他的老板，相形之下，只是一匹犂耕之馬。我們不能把他調到他上司的職位，亂了公司的組織，因此，我們把他調至國外，掌管一個分公司。實際上我們讓他三級跳，但是被他跳越而過的人並沒有注意到或是有所埋怨。

5.年輕充滿理想

剛從大學或商學院畢業的年輕人，通常在兩年之內，最容易離職他就。他們年輕，充滿了理想與期望，可惜，在公司裏卻常被忽視。因此，我並不訝異一個聰明有抱負的初級主管，很快地就爲求得發展，另謀高就。避免這種人才的流失，第一年內要把他們當做投資來看，觀察他、照應他、訓練他，讓他有機會向公司裏最優秀的人學習，交給他稍微超出他經驗範圍的工作。而就如同所有的投資一樣，不要預期立刻回收獲利。他們任職愈久，公司獲利愈豐。

6.高薪的誘惑

更高的薪水，當然是一般人換工作的最大的原因。對此並沒有什麼解決之道，尤其是如果你覺得他們的薪水已經足夠了。

你也可以試著加薪挽留，但通常這不見得對公司或員工有什麼好處。一家專門代尋人才的波登國際公司(Boyden International)調查了四百五十位主管另謀高就的情形。在四十個公司中以加薪挽留的情況下，有二十七人接受了，留在原來的公司。但一年半內，這二十七人中有二十五個人不是自動求去，就是被解雇了。這樣看來，他們的問題並不是單單用錢就可以解決的。

如何解雇員工

解雇一個員工對公司的影響是多方面的，例如組織的結構、員工的士氣、顧客的反應等等。解雇員工有許多原因，也有許多方式。我在解雇員工時，考慮二個因素——時機以及員工對公司的忠誠度，以此來作決定：

1. 以公司利益為優先考慮

解雇員工要在對公司，而非對員工合適的時候。假如他經手某些客戶或公司要件，那麼要等到你準備好取代的計畫才能請他走路。在這段期間，應當開始訓練接替的人員，讓他的助手多負其責或讓另一個部門的主管兼顧他的客戶。

2. 讓他自動辭職

最佳的解雇方法就是讓他們自動求去。假如你付了公道的遣散費，並且幫助他們尋找新工作，他們就不會心懷惡意。

讓員工辭職並不是很複雜的事，但也不要用開玩笑的方式。我覺得用以下的話來說比較容易：「我看你在這兒行不通，我已經決定，你得另外找地方工作，我還沒有仔細想該怎麼做或是什麼時候做，但是你不妨想想看，我們過一兩天再談。」你或許想不到，這樣一席談話就可以幫你達到了希望的結果。

3. 讓給別家公司

有些人被解雇了，卻根本不知道自己是被解雇的。我事先替他們在別的公司找好工作，讓對方來聘請高明，他們以爲自己是被挖角挖走的。

4. 為棋子找對位置

有些員工心志忠誠，但能力技巧卻不能配合公司的成長，一個公關部門的人可能善於照顧客戶，但在其他方面毫無創意。這時並不止是解雇或降級的問題，而只是不要擢升他們，通常他們可以在另一職位做得很好，而替他們找到這個職位，是你的責任。

5. 速戰速決

如果對方毫無忠誠、不講道義，這是你惟一不會爲解雇員工而感到難過的時候。我們以前獲悉一個員工準備離開，同時企圖帶走所有他能染指的東西——客戶、檔案、機密消息。因此我們安排他出差一天，當他不在時，我們清理掉了他的辦公室，換了鎖。他一回來，我們立刻開除他。

這種作法並非詭詐或不得當，你得速戰速決，大公司裏也是一樣。

一個大廣播公司的經理在財務上做了一些手腳。當他被請到總裁辦公室，面對諸般證據而被開除的當兒，工人已經開始清除他的辦公室。這樣看來雖然冷酷無情，但也許是惟一能儘快結束這件事，快刀斬亂麻的方法。

誰主導公司

任何一個公司要求生存、求發展，一定要有個原則：寧缺勿濫。但在公司成長時，卻很容易失去這個方向，尤其是在公司人員的編制方面。企業漸趨複雜，一定需要增加輔助人才，如會計人員、資訊專家、設備人員等等，來提供資訊，維持平衡。

但是要記住的是，輔助人員很會自我膨脹，一不小心，他們會壓倒前線人員的權力。他們忙著制定規章、擬定政策、製作各種表格，多半用來在公司內部彼此傳達，然後還要求所有的人都得用「他們的」表格。

在我們的公司裏，當前線員工與後勤員工相持不下時，我總是支持在前線打仗的人，他們得去敲門造訪、延攬生意、維持關係。他們所處的立場比較能做切實的決定。而他們應該獲得每一個人的支持。

身為主管，你得退後一步，問問自己：公司裏是前線部隊在領先作戰，還是後勤人員在發號施令？如果你覺得答案並不符理想，那麼，即使再增加一些後勤員工也沒有什麼效果。

會議衆生相

我讀過一段記載，美國總統在記者招待會上都有人替他準備一張相當詳盡的記者座位表，而且，更重要的，是有一份簡報，告訴他每個人的毛病、興趣，以及可能會發問的問題。

我常常希望在開會前我也有一張席次表和簡報。不管你怎麼樣嚴格地遵行開會成功的原則，即要準時、有固定的議程、限定時間、不要組「委員會」、邀請新面孔等等，如果你事先不了解與會的人的性格，你還是搞不清楚爲什麼開了老半天的會，還是毫無進展。

在公司對內開會時，有幾種角色（並不一定都是不好的）要稍加留意：

1. 直言無諱型

這種人永遠會發表他真正的意見，他們沒有心機，暢所欲言，自有其貢獻。但是你要監督他們。有時他們得意於自己的直截了當，一心認定「事實是最佳的防禦」，不但沒有解決問題，反而引起更多的爭議。

2. 殉難者型

這種人勇於挺身而出、擔當過錯、接受責備。問題是常常根本還沒有弄清事情有無錯失，或誰是誰非，他就已經義不容辭地當了代罪羔羊。

3.高深莫測型

他們將想法理在心裏，深藏不露，或者等衆人散去後，才私下跟上司說，不論他們的建議是否中肯，你總會猜測他們真正在想什麼，或是站在那一邊。

4.聰明伶俐型

他們很懂得說一些好話的奇妙力量，比如說：「您說得對，我怎麼沒有想到這點。」我喜歡這樣的人。

5.雄辯家型

他們一開始委婉陳述，慢慢蓄積聲勢，十五分鐘後還在滔滔不絕，轟炸你的耳朵，把你當作沒有腦筋的人。他們靠情緒和修辭來代替見解，你會覺得他們很努力地在說服自己，更勝於說服別人。小心應付他們，或乾脆不要把他們放在心上。

6.反對派型

每一件事對他們來說都是值得懷疑的。他的好處是像鍥而不舍的檢察官，把真相追得水落石出。壞處是，他占掉太多時間，而且殺傷率高，傷亡累累。每次開會，這種人只能邀請一位。

7.魔鬼終結者型

他們在表示不同意的同時，還非得毀滅別人的構想、方案或自尊心不可。

8.好整以暇型

這型的人一來就舒舒服服的坐在椅子上，往後一靠，蹺起腳來，準備在這兒好好耗上一段時間。他們並不急於解決當前的問題。跟這種人最好只在走廊上會商或是找個沒有椅子的房間。

9.政治家型

他們運籌帷幄，技巧地控制場面，使自己或會議有所提升和進展，照道理來說，這個人應當是你自己。

從大公司制度中學習

我經營的公司和其他大公司來比只能算是一個小公司。我們有三十七個分布於全世界的辦事處，每年的營業額將近十億美元，但我們的員工不到八百人，在大一點的公司格局相比之下，我們相形見絀。我所認識的副總裁當中，有的手下員工就有我們十倍之多。

蓬勃成長的小公司常以自己的規模袖珍自豪。他們誇耀，自己公司雖小但敏捷靈活，有規律卻不呆板，有目標方向但仍保有自由活潑的空氣。他們幾近盲目地崇拜自己，不屑於大公司裏種種嚴格的束縛。

隨著年事漸長，我現在體會到大公司的制度並非沒有可取之處，大公司因員工衆多，人事制度比較健全，尤其在薪水制度、額外加給，和工作考績三方面均可借鏡，作爲參考：

1.薪水制度

我們公司早期的制度是每個人每年都加薪，業績不好時加得少，業績好時加得多。這種制度有個問題：過了一陣子後，公司裏會有了一大羣薪俸過高的員工。有的也許發給一半薪水就可以了，有的表現平庸馬虎，本來不應該加薪，卻因著好運道，跟著大夥一起分享成果。

許多大公司的職位以級數來畫分，每級之內的薪水有其上下限。一個第四級的「副理」了解，如果想要賺更多的錢，就得陞遷成第五級的「協理」。他得經過一定的程序，才能獲得加薪。

我以前不喜歡這一類的硬性規定，但我現在比較能接受這種不同的作法。

2.額外加給

除了在特殊的情況下，公司不能降低員工的薪水。所以要設計有彈性的給薪方式。

有彈性的那一部分，可以叫額外加給，或是獎金。

額外加給與薪水不同，是可以縮減的。大家知道它決定於公司的業績和自己的表現。愈是資深的主管，額外加給的比例愈大。比如說：報酬五萬元，其中四萬是薪水，一萬是獎金；報酬二十萬元，十萬是薪水，另十萬是獎金。報酬三十萬元，十二萬五千是薪水，十七萬五千是獎金。

大公司也常將大筆的獎金分幾年支付，這樣主管的生活方式比較不會大起大落，而能維持一定的水準。

3.工作考績

大公司裏員工的檔案制度多半是這樣的：上司一年一度把員工的檔案從柚屜中取出來，與部屬討論這一年來那些地方做得好，那些地方做得不好，那些地方應當改進，以及下一年內應當完成的目標。彼此同意簽名之後，檔案又放回抽屜。

這是大公司制度化處理人事的方法。

我與手下的主管之間，並不需要這一套制度。對於薪水、公司目標、個人理想等等，我們彼此都很清楚，他們也都了解應有的表現，而我也能隨時提醒他們。

但是並不是每一位主管與他的部屬都能維持這種關係。有些上司沒有告訴部屬應當有些什麼成就，而他自己對部屬有什麼期望。（成就並不只限於增加利潤，也可以是增强與客戶的關係，改進工作習慣，如期交出報告等等。）如果主管事先未能告知對部屬的要求，而當考績不如理想時，部屬不僅頗覺意外，且容易心生怨恨。

因此我們也向大公司一樣，明確陳述出客觀標準，以此來衡量員工的表現。

控制開支

身爲公司的主管，我花很多時間注意怎樣節省開銷。我總是記得，一塊錢用錯了地方，等於花了兩塊錢，因爲這一塊錢本來可以用在合宜適當的地方。這種想法並沒有使我神經緊張，但卻使我非常小心謹慎地用錢。以下是控制開支時所要注意的事項：

1.「有也不錯」或是「非要不可」

我喜歡把要買的東西分成「有也不錯」或「非要不可」二類。比如說，倫敦的公司想再買八部電腦，在公司發展的時期，我們很容易說：「就去買吧！」但是這種「有也不錯」的心態卻容易造成「非要不可」的錯覺，而且容易導致「我也要」症候羣。

2.「我也要」症候羣

在辦公室的裝潢上，最常看見這種現象。一位資深主管說他需要一套沙發（二千元），一張咖啡桌（一千元），一張舒服的椅子（一千元），和兩盞枱燈（一千元）。批准同意了。不消多久，他的九個同事也都要沙發、桌子、椅子、枱燈。再來，職位低他一層的人也開始嘀咕，他們可以不要沙發，但是總該有兩把椅子，上行下效，依此類推。

這樣下來，公司的主管就得浪費許多的時間來安撫擺平許多人的情緒和自尊心，或是得花上一大筆錢來平息這件事。

3.不斷追加開支

追加開支比連鎖反應還要危險，買電腦設備就是一個好的例子。

我有一位朋友，起先在公司裏設了一個購買電腦的籌畫小組，審慎地評估各種個人電腦作出預算，經過四個月的研討，最後終於決定了。當二十部個人電腦送到公司的那天，大概是有史以來大家最興奮快樂的一天。

然後從此一發不可收拾。

每個人都迷上了自己的個人電腦。三個人換了彩色的畫面（一個要三百五十美元）。兩個人訂了雷射印表機（一個要三千美元），一個人花了五百元買了一個罩子來降低印表機的噪音，會計部門又花了五千元要一個速度較快的電腦和軟體程式，在十二個月內，我的這位朋友花在周邊設備的錢比整套的電腦還要多。

現在他親自主掌電腦採購小組，所有的購置都得由他親自批准。

深體下情

八〇年代很流行「走動式管理」，即是高級主管從他們的象牙塔中走出來，重新認識他們的員工。他們在公司的餐廳吃飯，出來喝喝水，定期地到商品展示間走走。如果不影響正式的工作，並且能找對談話的對象，這倒不失爲一個好主意。

幾年前，我的一位朋友建議我去認識職位低我兩層的員工。「那是你將來之所繫。」他說。我懂得他的意思。我已經知道我的高階層主管的想法，但是更基層員工的看法和意見（雖然稍嫌短淺，但仍不失坦白），卻時常出我意料之外。其實管理階層所作的允諾需靠他們來履行，實際上，是他們在維持一個公司的水準。認識他們，與他們交談，使我能直接知道我們公司給人的印象，了解我們公司的員工對顧客和客戶是否夠敏銳、誠懇。

電話管理

我最常使用是「電話管理」。因爲我可以經由通電話得知公司現況，而由於公司的主管分布於十多個國家，這可說是比較實際的方法。我儘量與許多人每天通一個電話，時間很短，很少超過五分鐘。

我常打電話，因此電話費甚高，但是卻能減少許多不必要的錯誤。

我排定打電話的時間就像安排重要會議一樣，如此我能控制自己的時間，同時也尊重別人的時間，讓部屬知道我會在十一點二十分打電話給他，要花五分鐘的時間來商量某一特定的方案，那麼即使平常講話最漫無頭緒的人也會變成確實、簡短、扼要。

我通常在半個鐘頭內安排八個電話。每個電話我都以「有什麼新發展？」做爲開場白，而對方會把他正在進行的、或剛剛開始、或接近完成的方案，有條有理地逐項報告，而輕輕帶過或忽略未提的項目很可能就是我們需要更加强的地方。

電話只是用來傳遞消息的工具，並不是玩弄權力的遊戲。但是很多上司也忽略了電話的效用。電話時間控制合宜，是很有效的管理工具，能促使人採取行動、獲取答案，或讓人知道他並沒有被遺忘。

我常常打越洋電話，超越好幾條時差線，比如我從紐約打給倫敦的辦公室，當地時間是上午九點三十分，這時間對我和當地主管都很合適。但我也了解到讓他們知道我在紐約清晨四點半就已經起身，和他們討論公事，可能會加深他們的印象，使他們感動。

我常常打電話給我的部屬，坦白地說，一方面也是因爲：我有時認爲我比他們還善於安排他們的時間。

謙遜爲懷是成功之道

我認識一位非常成功的女性主管，具備所有第一流總裁所應有的條件：她工作勤奮、聰明富創造力、善用時間，她具雄心有抱負，並有健康的人生觀，但以我這些年的觀察，我覺得她最大的長處在於能顧念他人，特別是對她的部屬，而不刻意表揚自己。一位與她共事的人告訴我：「不論你是什麼身分，與她共處時，她都當你是惟一要緊的人。她讓你覺得自己與她地位同等。她徵詢你的意見，給你時間發表你的觀點。如果有別人在場，不論你是祕書或是初出茅廬的小伙子，她都把你當董事長般看待。」

這種長處能涵蓋其他缺點，而且也說明了她成功的原因。

公司總裁通常並不以謙虛著稱，我想這是不正確的看法。許多傑出的總裁都遠比他們的部屬所想像的要來得謙和，我最近和一位總裁開會，注意到他怎樣用心地把功勞與他的副總裁分享，其實，我知道整件生意大半是由這位總裁自己談成的。

這種刻意的謙虛本來不是什麼大了不起的事，不需特別在意。但這是身爲主管最有效的工具之一，其原因有三：

1. 使員工士氣高昂

再沒有比表示你重視同仁所做的貢獻更能鼓舞士氣的了。公開讚揚，更爲有效。優秀的四分衛告訴訪問的電視記者說：「我得把成功歸給守護我進攻的隊友。」多年來，每一位都深知這門訣竅。

2.提高員工對外的地位

前面提及的那位總裁談到公司的成功時，可以有幾種說法。

他可以說：「我談成了這件生意。」如果滿分是十分，這說法可打三分，因爲這是事實。

假如他說：「我們談成了這件生意。」這說法是六、七分，因爲他與部屬分享這份榮譽。

但是，他卻說：「某某和他的部門談成了這件生意。」在我看來，那該得滿分十分，因爲這位總裁有意（而且大方地）讓在座的每個人都對他的部屬感到佩服，就長期來說，總裁、公司都因這樣的作法蒙受其惠。

3.提高你自己的分數

分享成就並不是一個「零—和遊戲」，當別人多得分，並不就表示你少得分。在這種分享成就的過程中，並不會因爲你多給別人幾分，你就少得幾分。事實上，通常你會得更多分。

況且，多數人並不會佩服一位獨占全功的主管，過了一段時間之後，自我表揚的獨白沈悶乏味，即使自己的員工也充耳不聞。下次當你正要用「我」做爲開始時，把它改成「我們」，看看大家如何精神一振、集中注意力。

如何成爲更好的主管

很多人以爲當主管不過就是「權力」這麼一回事。管人的有權，被管的無權；管人的發號施令，被管的惟命是從。

我並不以爲如此。對我來說，做爲主管是要增進價值而非一味施展權力，最有效的主管善於克制權力，並不隨意濫用。他並不認爲他每做一個決定，就是要看部屬是否立刻馬首是瞻，恭敬從命，他知道做爲主管並不是要專横霸道。

他會時常反問自己：「我身爲一個主管，對大家有什麼幫助？對公司有什麼貢獻？」假如有些情形，他覺得不要介入比較有利，他就會置身事外。

要成爲好主管要負起以下的責任：

1. 不離專長

主管常常就是在技術性的知識上勝人一籌，他就是比其他人都做得好、做得高明，一個電腦公司的創始人仍然是發明新產品的天才，唱片公司的董事長仍有最敏銳的耳朵，來發掘音樂界的新人，而廣告公司的總裁仍然是整個公司裏最會寫廣告的人。

如同彼得原理(Peter Principle)所説的，放棄你的專長，要自己去做一些好像主管該做的工作，對公司來説是一種損失。

我猜想藍德博士(Dr. Edwin Land)——拍立得(Polaroid)的創始人和領導者——很早就體會到，他在實驗室裏繼續發明偉大的產品對拍立得的貢獻，要比他去擔當行政工作或擔心華爾街的評價要大得多。

2.避免重複

有些公司分工細密，常常只有主管一個人知道他的部門裏每一個人在進行些什麼。他好像是神經中樞，負有重責大任。

在我們公司裏，有時我可以看見二位主管都在進行同一件方案，很快地就要相撞了；身爲他們的主管，就是要及早發現這種情形，及時避免。

3.訓練部屬

很多主管不太容易放棄自己完成一件事的自我滿足感，但一個好的主管應當能從指導他人求得進步當中，獲得更大的欣慰。

最糟的情形就是，主管會説：「我教我的部屬得花五個鐘頭的時間，而我自己做只要五分鐘就夠了。」然後以此爲藉口而自己把事做好。

這種作法當然有所缺失。現在花了五個鐘頭的指導，以後可以省下你好幾百個小時的時間，好讓你從事更重要的工作，擔任更重大的責任。

建立起善於訓練員工的聲譽，不只讓你自己更有效率，同時也吸引最有工作效率的人，紛紛投效你。

4. 以身作則

這可能是最重要的一點。你不能要求員工做你自己做不到的事。

我相信我們公司成長的一大原因乃是，公司裏的同仁知道我與他們一樣辛勤努力。我與他們一樣早起（有時更早），一樣遲歸（或者更遲），而我與他們一樣對工作上的每一個項目都關心認真，甚至更關心。他們效法我，而以一種健康的方式，與我競爭。但是並不只是每天工作幾小時的問題而已，這也關乎工作習慣和作風，如果你不能以身作則，你就不能要求別人準時、精確或對顧客親切有禮。

尼門—馬可思百貨公司（Neiman–Marcus）的馬可思（Stanley Marcus）以一家在奧克拉荷馬城（Oklahoma City）的小店做爲例子，來說明這一點。

這家小店賣出了許多三百五十元的手織毛衣，而其他大城市的商店卻一件也賣不出去。馬可思說：「事情是這樣的，這位店主非常喜歡這些毛衣，也相信一定可以賣得很好，他把店員都找來，告訴他們，這是我所見到的最熱門的東西，顧客一定會喜歡，但是你得拿給他們看，因爲這些毛衣並不會自己從架子上走下來，去叫顧客來買它。」

「第二天，他看到他的店員正在招呼波太太，可是並沒有推銷這種毛衣。於是他拿起毛衣，展示給波太太看，波太太就買了它。這一下子，這位店員就完全信服了。」這就是行銷和行銷訓練的祕訣，也是我知道惟一最有效的方法。

5.明確告知

有許多聰明能幹的主管不能清楚地告訴他的部屬，他們的表現如何，以及他對部屬的期望和要求。

簡單地說，主管有責任告訴他的部屬：主管的標準以及部屬的表現成績，而部屬有權清楚地知道這兩點。如果部屬因目標不明而表現不佳，主管責無旁貸。

6.誇獎得宜

誇讚部屬可在人前，也可在人後，重要的是兩種情形下都要處理得當。

好的主管不會獨占整個部門的功勞，同樣的，他也不會把一個員工應當獨享的榮譽由整個部門來分享。

好主管也讓部屬知道他在公開場合誇獎他的話，與他在私下讚揚時，並無二致。不要低估部屬，以爲他們不會在意這一點。

7.避免犯錯

主管之所以能成爲主管，通常是因爲他們能從經驗中學習而不重蹈覆轍，他們的職責之一就是預期錯誤的發生，而事先想辦法避免。

但是主管不要因爲自己經驗豐富，因而以爲部屬都與他一樣老練，而不把他們的問題當成問題。當部屬徵詢意見、尋求協助時，好的主管可能心想：「啊，這種問題我十五年前就處理過了，並沒有什麼大不了的。」但他卻不會說出來，因爲對年輕屬下而言，那卻是他們從未碰過的難題。

8. 因材施教

做爲主管顯然得有嚴厲的一面。他有時需要責備或激勵員工，有時爲了公司著想，還得將人解雇。

我想没有人會喜歡這種時候，但是如果能體會各人性格不同，而能找出對他較爲合適的方法，事情可能比較容易辦。

生氣威脅對有些人有效，他們需要鞭策。

有些人需要你跟他講道理，一步一步地分析你不滿意的理由，他才能心平氣和地接受你的觀點。

幽默或諷刺對有些人很管用；有些人要不斷地跟他嘮叨；而有些人一聽便知，希望你就此打住；有些人對激將法最有反應。不管那個方法奏效，好主管要能因人而異，針對個人，找出最適合的方式。

第四章

發跡之路

假定你自己是一項產品，
你該如何爲自己定位？
你走的是高級路線還是普及路線？
你會標榜自己是「最佳的」，還是「最耐用的」？
找出定位，才能在市場上開拓一片天地。

當你去應徵時，面試的人可能這樣問你：「你已經告訴我，你的各種長處及優點了，好不好也告訴我三個最大的缺點呢？」

這是典型難以作答的問題。但事實上，因爲沿用多時，許多人都很熟悉，多半都能胸有成竹。

「第一，」很多人會答道：「我可能工作過於努力；第二，我對別人在細部上不夠周全沒有耐心；第三，我工作認真，因而不能容忍不把工作當一回事的人。」

很顯然的，這些應徵者把話鋒一轉，帶出自己的優點，希望面試的人能體會話中的玄機。

但是我認爲誠實地認知自己的缺點是有所助益的，至少你知道有那些地方還可以加以改進。

我先說說我的缺點。（請相信我，我並不是藉此誇耀。）

1. 我太在意時間。因此，我常常過分系統化，一時之間想完成太多的事，因而進度落後，不免焦躁或惱怒。

2. 我絕對公私分明。這使我看來不通人情，對與公事無關的個人小事毫無興趣。

3. 我不注重細節。我有點大而化之，寧可將事情簡化。當進行一件重大的計畫時，我常把可能耽延或阻礙整件方案的問題擺在一邊，先將事情做成，最後再來處理這些細節。

這種作法使我不至於在旁枝末節的崎嶇小徑裏迂迴打轉，繞不出來；但是也可能因考慮不夠周全，失去一些機會或造成不必要的誤解。

4.我要求的價碼太高。平常我覺得這是個優點，但可能也嚇跑了一些我應當跟他交往的人。

5.我很愛吃東西。美味當前，我總是先吃了再說，吃完之後再來擔心。

好，現在你知道我的缺點了，也想想看你自己的缺點，你能不能誠實地指出你在個性、態度、行爲上的短處呢？你有沒有看出你的缺點怎樣限制了你的發展和表現，而使你在事業生涯上不能更上一層樓呢？

本章所要討論的是兩方面的問題，首先提出了一些要你細思的問題，好讓你剖析自己可能有的缺點，而後提供了一些解決的方法。

看看現在，想想未來

現在流行一種說法，就是凡事都有定期，企業人士也有他們的生命週期。

當你二十多歲時，你學會各種做事的技能、習慣及訣竅，結交可以維持一輩子的朋友。

三十多歲開始投入心目中的「事業」，你也非常注重與同儕較量，隨時一爭高下。

四十多歲爲轉型期，你開始發號施令，而不只是聽令於人；你也開始作決策，而不只是替決策者準備報表。陞遷雖不若以往快速，但每次擢升都有其重要性。

五十多歲時事業生涯已經大致底定，但並不意味著結束；憑著多年累積的經驗與能力，更能施展所長。在短期內能完成更多的事，也因此更能獲得高薪。

六十多歲時或者已經退休了，或者仍然維持資深元老的影響力，這要看你前十年的表現。

在這看來平順無波的過程中，關乎成敗的關鍵期，很可能就是在四十歲左右，這時你已經不復青年才俊，卻又因爲資淺，不能擔當總裁的重任。

許多人在這個階段不能順其自然地蛻變，當然有很多原因，但有兩項因素特別重要：一是看你是否自知長處，二是看你是否懂得善用你的人脈。

1.你有什麼與眾不同？

當你三十多歲左右，不過是公司裏中層幹部中的一員時，當問問自己，有什麼專長，使你與衆不同、脫穎而出？誠實地回答這個問題，而後好好發揮你的專長。

有些人以爲自己的專長限制了他們的發展。不要陷入這種困惑當中。許多在公司裏因專業才能而成功的人，例如有一個稅務專家，他告訴我，他們在三十多歲時，也有過徬徨懷疑的階段，以爲自己的專長過於狹窄，而擔憂前途有限。

他們反而去羨慕一些從一個部門調至另一個部門，看來好似左右逢源、前途無量的人。這些人經驗雖然廣泛，卻沒有一樣是可以據爲己有的成就。他們看來機會無窮，但這也很可能是最大的缺點。到了四十歲左右，他們轉身一看，周遭都是與他一樣的「通才」。很可惜的是，公司裏通常都只有一兩個職位留給「通才」，而這職位一般叫做董事長或是總裁。

2.朋友的關係如何？

企業上結交朋友的好處就是，你們彼此一同發展成就，在事業上同時邁進。可惜很多人沒有體會出這一點，未能好好利用人脈。

一位自己創業的朋友告訴我，他常鼓勵比他年輕十歲左右的三十多歲的幹部，去結交自己的朋友，建立人脈。但幹部常以爲自己涉世未深，沒有與上司一樣的頭銜與經驗，並不容易和他一樣廣結人緣。

然而現在這些人已經是四十歲上下的年紀，還是一樣錯失機會。他們沒有體認到年輕時的朋友現在已經很有影響力，或是當年的大學室友已經是位舉足輕重的決策者，年歲雖長，他們卻沒有改變或擴展交友的範圍。他們一成不變地繼續與原來已有的一些企業上的朋友應酬來往，而沒有廣泛地利用其他的人脈。

如果你真要知道你現在的地位如何，以及前途如何，去看看你的朋友和客戶，他們是些什麼樣的人？他們的前途如何？

你扮演什麼角色？

我們公司的一位主管認爲，在所有服務業的機構裏，成功的人都可以分爲三類：發明者、看管者以及聯繫者。

發明者是「呼風喚雨」的人，他們發明新的產品，或帶來新的客戶，提供公司收入的來源。看管者負責作業流程，確保構想得以實現、製造利潤。而聯繫者協調二者，通常扮演這角色的就是老闆。

以拍立得公司做例子，發明者就是發明底片的人；看管者是負責廣告，讓大家都知道新底片的廣告部經理；而聯繫者則爲市場部門的副總裁，使兩者意見和諧、步調一致。

這樣的區分也許帶點牽强的匠氣，但其中自有智慧——尤其是，當你可以在其中一類裏看到類似自己的影子，更覺有所關聯。

百分之一百的發明者在公司裏很容易脫穎而出，陞遷又快又高。百分之一百的看管者也能在公司裏達到高位，但速度不及發明者。聯繫者常充分地具有二者的特質，這也是雙方都能信賴仰仗他的一個原因。

附帶一點，每樣特質都具有一點點的人，前程不會怎麼遠大。

給自己定位

假設你自己是個產品，你要怎樣給自己定位呢？

你走的是高級路線還是普及路線？

你是高價位還是低價位？

你會標榜自己爲「最佳的」，還是「最佳的代替品」？

「最快速的」還是「最持久的」？

「最方便的」還是「最獨特的」？

這些並不是無關緊要的問題。要介紹一個新推出的產品，或提供一種新的服務，都得殫精竭慮，找出最合適的形象，才能在市場上開拓一片天地。

然而許多人卻沒有將同樣的原則，應用到最重要的產品——他們自己身上。

我與企業界高階層的人士交往愈多，就愈能體會他們之所以能達至高位的原因，有一部分得歸功於個人促銷，以及更重要的——個人定位。他們不僅工作勤奮，表現優異，而且總是精心布局，讓別人能認知自己的價值。

這種布局並不需要工於心計，或是勾心鬥角，而只要客觀和誠實地來看下面的幾個問題：

1.你的外表是否恰如其分？

我一向認爲內在比外在重要，但是如果顧客一看到包裝就倒足胃口，內容再怎麼精美，也不能引起他的興趣。所謂定位，主要的還是從顧客的觀點來看產品。

一位網球選手告訴我：「我當初沒有與貴公司簽約，乃是因爲，你們派來的代表看來跟我一樣，好像有點服裝不整，一副風塵僕僕的樣子。」

我也許應該因此而要求員工要多注意穿著儀容，但其實更重要的，是要用心看他們要贏取尊敬的對象是誰，以及自己的角色爲何。

早些年前，公司裏的網球部裏有人穿著牛仔褲來上班，他們以爲這樣打扮輕鬆活潑，比較能與網球選手的客戶打成一片。但他們忽略了另一個層面，網球選手所要聘請的，是一個可以替他管理財務的商業經理，而不是運動員。他要找的是看來精明幹練、提著公事包，讀華爾街日報的人；而不是拿著球拍、看卡通漫畫的人。

2.你是否適才適用？

萬能的產品很難與功能較少但效果較好，或較爲便宜的產品競爭。

人也是這樣。一個什麼都可以推銷的行銷人員，不如一個專精推銷一樣產品的人。

當然，也有凡事皆通的人，但這屬鳳毛麟角。以電腦來說，有人又會設計、又會裝配、又會行銷，還會寫使用手冊，只是你很可能不是這樣的天才。

而且，即使你真是十八般武藝，樣樣精通，別人也不這樣認爲。在這講求專精的社會，一般人總是習於把人局限在某一特定的範疇之內。

如果你自己都不能替自己清楚地定位，別人又怎麼可能正確地替你定位呢？

3.你的表達方式合宜嗎？

我們公司裏有位幹部，才思敏捷、反應快速。他能在瞬間之內衡量情勢，作出決定。

這種快速思考的能力，雖然在公司裏極受重視與嘉許，但對外來說卻未必是優點，很多人會覺得他過於精明厲害。

最近他與經營一項全國性體育活動的機構會談，他仔細傾聽了他們的問題之後，很快地就提出了解決的辦法。然而此機構極重視傳統，習於按部就班，對於他這種即席的解答方法，不僅頗覺訝異，而且完全跟不上他的速度。

他所表達的方式看來好似未加思索、顯得倉促而草率。如果他稍候幾天，再提出原先就在舌尖上打轉的相同的解決辦法，我相信，對方必然比較容易接受他的看法。

4.你所犯的錯誤聰明與否？

做事錯誤在所難免，但是錯誤的本質卻有聰明與愚笨之分。愚笨的錯誤多半因於疏懶，應該做的事，因力有未逮或粗心健忘而沒有做到。但力求成功而遭失敗，不能與前述的錯誤一概而論。比如公司的高級財務主管，在詳細研判分析之後，斷定美元即將貶值，因而採取了應變的措施，但美元不降反升，因而變成了損失。這樣的錯誤可能使事業前途遭受挫折，但只要事前確實認真下了工夫，總有一天會反敗爲勝。

花旗集團（Citicorp）的李得（John Reed）便是其中例證。幾年前，李得創設的信用卡部門，虧損了一千七百五十萬美元，因而在公司裏無人不曉，當然更引起頂頭上司的注意。大的錯失總是引人注目。

但是這件事也同時樹立了他果敢決斷的形象。李得處理這項危機的手法卓絕，終於使信用卡部門轉虧爲盈，這是他一九八四年成爲公司的董事長的一大原因。

5.你夠謙虛嗎？

你不希望沒沒無聞，這也絕不是定位良策。但是一味高抬自己，惹人生厭，更沒有好處。

最好的辦法是表現卓越，使人樂於稱道。有口皆碑，名聲自然響亮。

而最不容易引起反感的方式就是：多用複數羣體的代名詞，如「我們」、「我們的」，而少用「我」、「我的」。

6.你的「馬兒」夠好嗎？

賽馬的騎師會告訴你，獲勝的祕訣有百分之九十在於良駒，而只有百分之十是在於騎師。

企業生涯也可以此類推。最成功的人通常都配上了最優秀的坐騎，馳騁萬里，一展凌雲壯志。具體地說，所謂良駒可以說是加盟了合適的公司，或是投效有權力有前途的老闆，或是自己發明了獨特的構想。

在所有可資應用的管道中，最足爲恃的大概是偉大的構想了。這需要創造力，也需要實行的決心與毅力。如果你不能排除公司或同儕給你的種種阻力，奮力不懈，你就不能擁有引以爲傲的成就。這其間的工作艱鉅，你需要勇敢堅忍，但當你成功的那一天，你的地位便堅不可摧。

常被高估的條件就是合適的公司了。通常如果缺乏這條件，很容易補救（換一家公司另謀高就）；但如果你把個人的成就寄望在公司身上太多，便很容易導致失望。

任職太久了嗎？

身爲一個雇主，我知道不論怎樣栽培訓練或高薪禮遇，都可能會失去一些青年才俊。外面有許多機會吸引他們另謀發展，這本是自然不過的事，沒有一個公司能滿足所有人的理想與抱負。

一位年約三十出頭的主管告訴我，他很遺憾自從一出校門，就一直在同一家公司任職，沒有跳槽去謀求更高的薪水、更大的權力。他是不是太安於現狀了？太不敢冒險？

我不認爲對一個公司忠誠効力是應當引以爲憾的一件事。

根據我的經驗，獲得陞遷有兩種同樣有效的管道。第一個途徑是由一家公司跳至另一家公司，步步求進。如果你反應敏捷，容易結交新朋友，又懂得利用已有的經驗，謀得更佳的職位，那麼這條路可能很適合你。

第二個途徑是，在同一家公司裏圖謀發展。這並不意謂著死守一個固定的職位，許多大公司裏都有將人才在各部門裏輪調的計畫，讓他們能增廣見識，汲取各方面的經驗。在同一家公司從一而終還有個好處：除了自己的表現成就以外，你也比別人多了幾分籌碼。如果你果真優異，自然在某一個時刻，會顯示出你超越公司裏其他的競爭者，而每個人都能很明顯地看出，那個高階層的職位理當非你莫屬。

選擇第一條或第二條路徑，完全因人而異，適性而爲。問問自己：我是在找一個暫時停泊的港灣呢？還是長期的歸宿？

你屬於公司主流嗎？

比「我在這公司待太久了嗎？」更重要的問題是：「我屬於公司的主流嗎？」，想在石油業謀得資深的職位，依照傳統你得是科技人員出身；在零售業界，你應當負責統管購買；而在行銷爲主的公司，要想出人頭地，你應當隸屬行銷部門，而非會計或顧客關係部門。

漢堡王（Burger King）的前任總裁康柏（Jeffrey Campbell）提到，他事業生涯的轉捩點，乃是在他領悟到，原來他是在做「速食店」生意這一行的那一刻。

那天他剛剛被擢升至市場部門裏第二把交椅的職位，並成爲公司的主管之一。當他開著公司給他的嶄新的車子回家時，他意識到：這次陞遷其實對他個人所企求的前途毫無意義。他的目標在於有一天能管理整個公司，但他目前的職位卻不是公司業務的主流，他自己說：「我所見到的，不過是公司全貌的一五％而已。」

公司的主要業務是經營速食店，賣漢堡給顧客。因此他放棄了新的職務，而經營一家專賣店，從基層做起，重新學習這行生意。一年內，公司總部就調他回來管理市場部門，不久之後，執行總裁的職位出缺時，他就接受了總裁的職位。

你是否有恃無恐？

已故的可口可樂董事長奧斯汀（Paul Austin）跟我說過：「一位公司的總裁如果以爲，他可以安然享受公司在市場上領先的地位，就是他最危險的時刻。任何時候你對現狀志得意滿，就是宣告公司就此停滯不前。」

我猜想，赫須（Hershey）公司的情形有一陣子就是這樣。一個名叫赫須（Milton Hershey）的人在一九〇三年發明了巧克力糖，立刻轟動盛行，而赫須也成了巧克力的代名詞。赫須的產品家喻戶曉，因而有六十年之久，他們幾乎是特意地不用廣告來加以宣傳，並以此引以爲傲。

到了一九六〇年代，美國孩子開始變換口味，傾向三劍客（Three Musketeers）和士力架（Snichers）等其他產品。赫須此時才開始注重廣告促銷。今天，赫須用大筆的廣告經費、有精密的促銷系統，而且有相當豐厚的盈餘。我卻認爲赫須那幾十年的自得自滿，使得赫須失去了許多的市場，給予競爭者有機可乘。

我自己於一九六〇年間代理帕瑪、普雷耳和尼克勞斯（Jack Nicklaus）產品時也有同樣的情形，我們公司雖小，但是真正說來，無論在想像力、創造力、人際關係、國際層面各項上，都無人能出其右。

我因此鬆懈下來，心想，任何一個高爾夫球員都會主動來找我們。我當時也沒有想過需要作促銷的活動，或去認識未來的新星。

我們的事業興隆，忙得分身乏術，對找上門來的顧客，我會安排他與我們的客戶見面的時間，說：「好，他會到場的，價錢是一千五百美元。」然後看著手錶，暗示訪客應當適時離去。

這種不親切的態度終於影響了公司的發展，幸好我們及時覺醒而改變了作風。

企業上的自大自滿最後總是會造成盈餘降低、成長緩慢或失去機會。個人的偏安疏懶、有恃無恐所帶來的損失，有時卻沒有這麼顯而易見。有許多才能出衆、表現不凡的人就因自恃自己的成就，而在陞遷上吃了虧；他們以爲別人理當看到自己的表現，而把高薪高職加給他們。這種自信自滿最是危險，因爲事情往往並不如他們所想像的，因而導致不公平的結果。

我記得幾年前某家公司裏的第二把交椅和第四把交椅，同時屬意爭取公司總裁的職位。這位第二名人物對自己出任總裁很有信心，也覺得自己多年來優異的表現及成果便是不用多加說明的鐵證，因而沒有下任何宣傳的工夫爭取。

而同時，第四名人物卻招兵買馬，延請了公關專家做爲顧問，到處演講，到分公司訪問、與各個董事應酬交往、與董事長出雙入對，漸漸地造成了「總裁」的氣勢。不出所料，他躍登上總裁的職位，而驚愕莫名的第二把交椅因此辭職了。

我並不是鼓吹每個人都得自吹自擂、高抬自己。但現在是個逆水行舟、不進則退的世界，當你好逸惡勞、高枕無憂時，要心生警惕、精益求精。

高估優點或忽視缺點？

一位職業網球選手談到參加大學和職業網球賽的區別：他說，在大學比賽時，只要你技術尚佳，單憑引誘對方暴露弱點就可以獲勝；職業賽則不然，你一定得有自己絕對的優勢，才能擊敗對方。

在網球賽中，此言不虛。比如像貝克（Boris Becker）那樣强而有力的發球，就可以彌補在比賽中許多的弱點。

企業界中亦然。成功的人之所以登峯造極，乃是因爲自知自己的一兩個最大的優點，善加利用、充分發揮，而不要太過刻意去改正自己的弱點。

很可惜，一般人對自己的優點和缺點常常並不是很清楚。一般人容易高估自己的優點，而對缺點漠然視之，甚或渾然不覺。

我認識一位創業家就是如此。他是個自然天成的行銷人員，只要他一站到台上，就可以說動每個人掏出腰包。這是他的長處，但在其他方面一無是處。他不善經營、不能管理，對細節的處理尤其是一團糟。

他可以成爲公司裏出類拔萃的行銷人員，卻不適合自行創業。但他沒有自知之明，一心想要經營屬於自己的公司，在十年內開開關關的公司就有好幾家。

專心發揮自己的長處，而不要浪費太多精力來改進你的缺點，如此成功的機會要多得多。

當柏格一開始在網球賽稱霸羣雄的時候，就很明顯地可以看出他的各種長處：他的抽球、速度、專心都可以打滿分。他的發球不強，因此他改進發球的技巧，使發球不致成爲比賽的弱點。但卻知道發球永遠不會成爲他球技上的優勢；一味努力練習發球，不僅徒勞無益，並且影響全局。

企業人士弄清楚了自己的優點及缺點之後，也當儘量發揮長處，而改進缺點至不成阻礙的程度。

比如你精於數目字的計算，但是個性呆板，像個木頭人，就不要費盡心思，想把自己脫胎換骨，變成鋒頭最健、人緣最佳的人。但是你至少應該努力減少損害，讓自己可愛一些；若十分是滿分的話，有五分改善也就可以了。（這應當不致太難。）把剩餘的精力用來培養運用數字能力，以便在這方面求得滿分的十分。

四種阻礙發展的個性

差不多每個人的個性上都有一些缺點或「毛病」；多數並不明顯或是無傷大雅。然而，也有一些讓人印象深刻的人物。比如說，「專家型」的，認定他對事情有權威性的說法；「權術型」的，汲汲營營、追逐權勢；還有「野馬型」的，我行我素、爲所欲爲。

這些類型的人雖然使人厭煩，但其中卻不乏成功的人物。原因是他們很了解自己，而且這些鮮明的個性對他的經營並非阻礙，反而是一種助力。

而也有那些個性較爲溫和的，他們性格上的缺點看來似無大礙，但事實上卻阻礙了事業生涯的發展。比如以下的四種類型：

1.自暴其短型

有的人對自己很有自信，因此不在乎透露缺點，或甚至到處宣揚自己的缺點，惟恐天下不知。

我認識一位優秀的經理人物。他能帶動部屬、鼓舞熱忱，而且能同時處理許多事務。但他有兩個最大的缺點：多話及愛管閒事。最奇怪的是，他雖然自知其缺點，卻仍然津津樂道，並自以爲有趣。

我忍不住想，這種「你看我有多糟」的態度總有一天會影響他的前途，最後總會有人不想「看」這些缺點，而更糟的是，很可能因此而把他整個人都否定了。

2.過分強調型

正如有人非得宣揚自己的短處一樣，有的人卻非得吹噓自己有什麼地方很了不起，直到你聽得索然無味，或懷疑他是否其他方面完全乏善可陳。

我認識一位才能出衆、擁有一家公關公司的女士，她很有創造力及說服力，以大多數的標準來看，她都是個成功的人。但她的事業卻不能與競爭者同步匹敵，我探詢其中的原因，三位部屬一致認爲她過於要好、太求表現：「在預定只有二十分鐘的會談中，她會花上二十五分鐘的時間來證明她的專業知識——而客戶只不過是來作禮貌上的拜訪，只要稍做寒喧而已。」

也許在以往以男性爲主的商業社會裏，她是有必要大費周章證明自己的能力與價值。但她没有意識到時代變了，而且現在她已經身爲總裁，她本身的成就已經證明了一切，無需贅言。

3.悲觀論調型

假如一件事情有好壞兩面，總會有人來跟你報告那不好的一面。每個公司都至少需要一位悲觀論調者，即使只要平衡一下過熱的興頭也好。

不幸的是，雖然悲觀者有它存在的價值，卻沒有人喜歡他們隨時在場。因此，悲觀論者常被分派到次要的事務上。

這一型人被摒棄於主流之外，放逐到可以看得到卻不用聽得到的安全地帶。

假如我自覺有這種悲觀論調的傾向，我一定不惜一切改頭換面，或至少制止自己，閉口不言。

4. 獨行隱士型

有人表現優異但卻寧可獨來獨往，一人作業。他們通常只有專業上的技巧，比如說，工程、稅法、電腦程式等，因而自恃能夠不與外界打交道。

他們並非一意孤行或缺乏團隊精神，相反的，只要能單獨施展長才，他們是很隨和的，而最後就自然如其所願。

他們憑仗著專業技巧，通常都擁有一份很好的工作，但光憑技巧並不能將他們帶至所嚮往的高位。因此他們多半都停留在中層職位，帶著些許的不得志，單獨地關在門後，默默地耕耘。

十項危機

很多人不明白，自己的事業前途不知道爲什麼忽然觸礁了，雖然他們依然善盡職守、表現良好。問題的癥結常常並非出於個人，而是因爲外圍的環境與條件。

很多能幹的主管一心克盡其職，爲公司的目標全力以赴，常常忘卻了周遭的環境，忽略了上司和同事對他在公司的前途常有最大的影響。

單單把事情做好，甚或成績斐然，都不能保證你能在公司裏穩定和快速陞遷，姑且不論公平與否，在今天多如牛毛的主管人才中想要脫穎而出，一定還要有其他的因素。你得要有眼光，了解自己和自己的工作，尤其你得對上司和同事之間的關係要有敏銳的直覺。

下面列舉了十樣使前途受挫的因素：

1. 不知主管對自己期望何在

每個階層的幹部的存在都有一個原因，而且只有一個原因：讓他的上司看來有光彩有成就。不信的話，去問問你的上司。如果你是公司老闆，那就去問問股東。

2. 行動延遲緩慢

耽延遲疑在克制花大錢的衝動時是好的，對上司交待下來的事上拖延，卻鮮少對你有什麼好處。不能立刻照上司的指示行事，常給上司留下不樂意、不服從的印象。

3. 忽略彼得原理

彼得原理是說每個人最後終於會晉陞到他所不能勝任的階層。這道理幾乎人盡皆知，卻很少人覺得會適用到自己身上。一般人都覺得陞遷是件值得恭喜的事，但並不是所有的陞遷都對自己有利。不適合才能性向的陞遷，不過是加速印證彼得原理罷了。最常見的例子爲優秀的行銷人員，因成績卓越，管理階層覺得非得擢升他爲行銷經理不可，這位行銷人員也許對管理工作毫無興趣，而且不能再直接從事他最擅長的行銷工作。這種安排對每個人都沒有益處。

4. 漠視企業文化

不論公認與否，企業文化在許多公司裏都確實存在。每個人都穿個白襯衫，你就不要穿個翻領毛衣；公司上下講求團隊精神，你就不要搶著出鋒頭；大家埋頭苦幹，一天做上十二小時，你就不要打卡似地早上九點來、下午五點走。如果你一定要與衆不同，何不從比別人表現優異上做起？

5. 一心只求取悅別人

優秀的主管一定受人尊敬，但卻不一定被人喜愛。許多艱難而正確的決定並不討衆人歡心，卻得衡量當時情勢、排除衆議、毅然而行，不能爲了想要博取衆悅或同情而受其左右。

6. 與新上司不合

公司上層改組乃是意圖使公司更謀精進，而不是衝著你來，讓你的日子不好過。很多人不相信這一點，因而與新上司處處作對，新上司自然也不歡迎這類人物，結果是誰吃虧呢？簡單地說，新上司的上任表示大幅度的改變，不要忽視或者低估它。

7.透露不該公諸於世的想法

很多人的事業生涯停頓中斷，乃是因爲向不能信任的同事，透露了心裏的不滿或埋怨。如果你非得發關於上司或同事的牢騷，還是只在家裏說說就好。對外的埋怨批評很容易傳到上司的耳中，反過來對自己不利。

8.表現不能一致

對某種特定情況的反應始終如一，並不表示你很無趣或是缺乏想像力，相反地，平常例行的危機需要的是明智的判斷，而不是突然迸發的創造力。面對同樣的挫折，今天暴跳如雷、明天處之泰然，這種起伏不定、大起大落的表現，最容易讓公司上下部屬覺得你不穩定、不可靠。

9.容易諉過於他人

承認自己犯了錯失並沒有什麼損害，不要推卸責任。

10.過分要求別人

如果你不能並肩一齊努力，你就不能要求別人超時工作。如果你不能時時以身作則，你就不能要求別人效法你、依照你的作風行事。

七種危險人物

許多人擔心那些看來野心勃勃、志在必得的同事，覺得他們是一種威脅，其實這些人如果真有才能，他們反而可以成爲你最可貴的夥伴。你可以與他們同謀共事，一起平步青雲。你更可以學習他們的長處，而青出於藍。

真正的危險人物與野心抱負都不相干，他們不會出人頭地，只求得過且過，每個公司裏都有這種人，下面列舉了七種類型：

1.「一切我負責」的老兄

他專門說些人家愛聽的話，曲意承諾，但事實上卻不能兌現，他告訴你可以介紹一個很有希望的客戶，而當你費時費力準備好去展示說明時，他卻找藉口推三阻四。你難免會碰上這種人，吃一次虧，但你卻不應該上第二次當。

2.萬事通先生

他們像活動的百科全書，天下事盡都看遍，對他們來說日光之下，並無新事，有其身爲公司歷史學家的價值。他們擁有和電腦一樣快速的頭腦，冠軍般的自信以及蝸牛的直覺，他們的字典裏沒有「我不知道」、「我搞錯了」、「我需要幫忙」的字眼，他們意見很多，但所引用的前例卻常常會引人誤入歧途。

3.一切ＯＫ的上司

他對每個提案都加以鼓勵，因爲他不喜歡扼殺創造力。他最愛用的話是「我同意」以及「讓我們來推動發展」。而這些方案的發展，很可惜地，就是到此爲止，再也沒有下文。他一視同仁地答應每一件事，使得他的贊同毫無意義。假如你照他口頭上的應允而著手進行，無疑地只是浪費時間。

4.長舌傳言型

他愛管閒事、喋喋不休，喜歡説長道短。他告訴你：「我可以守密」，其實根本做不到。當他從你這兒得來一個消息，他覺得非告訴你其他人的祕聞做爲交換回報不可。這種人的危險在於：如果他這樣傳播別人的隱私，那他又是怎樣談論你的事呢？

5.固執細節型

上司喜歡這種人。他長時間工作，不放過所有的細節，而且設定極高的標準來要求自己。問題是，他只對無關緊要的細節執迷不悟。他不管是整天計算有幾個迴紋針也好，或是數一天內的每分每秒也好，都一絲不苟。他重視繁文縟節，愛打官腔，而且常常變成你的上司。這時他的執迷就可能變成你的執迷了。千萬小心。

6.故做笨拙型

在對他而言其實很方便而對你不方便時，他就忽然變成無助而極需援手。他不會操作影印機（而要你幫忙），他就是不會使用電腦（而耽擱了整個作業流程），他就是不能和一些「小」客戶相處（而把他們搪塞給你）。在有好處時，他一定出現，而在做事關頭，卻找不到他的人。

7. 口蜜腹劍型

他最大的才能就是伶牙俐齒，說服別人當時雇用了他。而他第二個才能就是在你看不見的地方嘲弄你。等你發現時，多半是爲時已晚。

以上所列並不完全，而且我也不是說公司裏都被一羣權術之士或傻瓜所把持。但依照一些管理專家所估計，公司裏有一〇%是麻煩人物，而七〇%是無知的受害者，那你就要做那其餘的、不受其害的二〇%的人，能辨認出危險人物就是成功的一半，另一半就是要懂得迴避他們。

不流淚的衝突

許多人不懂得怎樣應付衝突，因爲他們訴諸情緒。當他們惱怒於一件事時，就得立刻紓解。應該依靠理智時，他們全憑直覺行事。結果他們的衝突抗爭常是失敗的，在火冒三丈時，他們卻忘了，抗爭真正的目的乃在於避免不愉快的情形再次發生。

要贏得衝突，記住以下五點：

1. 時機就是一切

有效的化解衝突通常與情緒無關，而全然取決於時機的應用。打網球時，你不會在自己一腳還在半空中，而對方嚴陣以待時加以追擊，你會耐心等到對自己有利的時刻才反擊出手。

我對解決衝突的時刻相當用心。我會等到一切就緒，對我最合宜的時候，假始對方可能虧欠了我們客戶的專賣金，不管我有多麼憤怒懊惱，我一定暫時按兵不動，等到我蒐集齊全的證據後，才與對方攤牌。

2. 速戰速決

解決衝突應當簡短扼要、乾脆俐落，沒有必要演變成沒完沒了的紛爭。

部屬如果做了愚不可及的笨事，我常常大發雷霆，但很快地就雨過天青。我會說：「你真是做了件笨事！這事是個錯誤！好吧，人非聖賢、孰能無過？我們現在進行另一件事吧！」

這樣收放自如，使我不受情緒干擾，而能專注面前的工作。對我來說，這件事已成過去。（雖然我私下盼望員工會記得。）

3. 控制情緒

我時常提醒自己要分辨情緒，不要在情況變遷時還混淆不清，在緊張的商談中所用的聲調與態度，很可能完全不適用於另一種情況。

我認識很多高級主管脾氣都很暴躁，他們對自己和對別人都標準極高、要求特嚴；因而也常失望不滿，易於動怒。

然而容易發脾氣並不是他們真正的缺點，但是如果不能分辨清楚、就事論事，把對一件事的懊惱牽連到另外一件，就會降低他們的權威性，給他人可乘之機。

4. 愼防遷怒無辜

因某人某事生氣，而又遷怒到另一件不相干的事上是不應該的；而遷怒於其他的人就更不可原諒。

假如我接連有兩個會議，第一位幹部已經磨光了我的耐性，我並沒有理由可以對第二位走進來的幹部生氣，尤其不該爲了他前面那位幹部的行爲而遷怒。（但是，人就是會這樣做。）

5. 建設性的訓勉

帶著怒氣的訓話通常是破壞性的，難免有人會說出後悔也來不及的話。平心靜氣表達相反的意見，反而常有意想不到的建設性效果。時機再一次顯出它的重要性。

我發現，訓誨員工，最好不要在事情弄砸了，他們正灰頭土臉的時候。一個負責盡職的員工做錯了事，必然深知其過，最不喜歡的莫過於再聽到上司的教訓了。在他沮喪的時候，他需要的是鼓勵；能稍微滅他威風的最佳時機是在他連戰皆捷，志得意滿的時候，這時倒可以用前例來提醒他，自己並沒有想像中的偉大。

怎樣應付上司

幾年前有本書專門談到怎樣應付上司，裏面包括了一些好像是從教科書摘錄下來的建議，諸如：提供上司解決的辦法，不要給他找麻煩；記得上司也是凡夫俗子；針對他的弱點；不要低估上司；不要批評上司。

很可惜，這些原則能應用到實際上的情形並不太多。

成功的上司通常堅持一有問題，他要立刻知道（事實上，他常常比部屬還更早測知情況不對）。他可以不通人情，基於事實而作出困難的決定，而不會因一些人情而退縮。他深知自己的弱點。他也不在意別人低估他，並且可能還以此作爲籌碼。要想長期屹立不搖，他不能長久不理會批評。至於出乎意料之外的壞消息，沒有人會樂於聽聞，但這本是上司職責的一部分，不容逃避。

然而，大部分的上司都會欣賞下面兩點：

1. 尊重上司的時間

再沒有比有人説只占用你十分鐘的時間，結果花掉一個鐘頭更叫人懊惱的了。或是當你正要趕著出門去搭飛機時，有個部屬提出一個需要討論好幾個鐘頭的問題。再不然就是當你在他的辦公室商討公事時，他接個電話，談天談了好久，尊重我的時間的人，我也尊重他。

2.從上司的角度著想

有時員工熱忱地想做成一筆生意，而忘了從上司的角度來著想。對員工個人有利的交易，不見得對整個公司或對上司有所助益。

我的一位朋友與全州保險公司有廣爲人知的商業上的來往，他的一位部屬卻自行其是，與全州保險的競爭對手即將達成類似的協議。公司裏花了好幾月的工夫和精神才化解了這位部屬的「成就」，因爲與全州保險公司長期的關係比賺這一筆錢重要得多。這位熱心過度的部屬其實應該早就看到這一點。

單挑上司

在事業生涯的過程中，很多時候你得有自己的主張，並且要據理力爭；但是我們要强調這一點：絕對不要與上司針鋒相對。

與上司對抗很少是誰對誰錯的問題。獲勝的因素乃是在於誰的手上握有最多的籌碼。而上司，因其身爲上司，手上握了一張部屬所沒有的王牌——那張能說：「你被炒魷魚了」的王牌。我很訝異，居然有很多熱心過度的員工忘了這一點。

曼哈頓企業雜誌（*Manhattan Inc.*）中的一篇文章曾描述了由派楚利（Milton Petrie）所擁有的派楚利商店（Petrie Stores）裏的一場最高階層的衝突。

派楚利先生在八十歲誕辰過後不久，就聘請了三十八歲的神通青年波義耳（Michael J. Boyle）做爲首席總裁以及他的預備接班人。他給波義耳七位數字的薪水、部分股權，並授與全部的職權。

其後情況的演變雖然可嘆，卻非完全出人意外。在一九二九年創立公司的派楚利先生，原意要從容大方、漸進緩慢地把公司的主權交出來，而野心勃勃的波義耳卻沈不住氣，上任幾星期後已經在打量，派楚利什麼時候要搬出公司總部。據派楚利所說，波義耳是被他的職權沖昏了頭。

到了第三個月，兩個人已經鬧到水火不容。在會議中，波義耳會說：「我是老闆，一切要以我的意見爲主。」最後的一擊來自波義耳的目空一切，他對派楚利說道：「假如不是你擁有六〇%的股權，我就把你帶到董事會去評理。」派楚利簡簡單單地回答：「麥克，你被開除了。」

在這種情形下，即使派楚利只有四九・九%的股權，波義耳一樣毫無任何勝算。

衡量薪水的兩個因素

我身爲老闆，員工常找我談加薪，因而我對各種可以想見的理由幾乎都耳熟能詳。他們會誇耀利潤的增加（順便就略過了別人也有貢獻），他們也可以埋怨銷售量配額不公（雖然配額是他們一年前同意的），他們提及孩子上大學的學費高昂（稍微博得一點同情，但其實於事無補）。有時純粹出於無奈，找不到適當的理由，情急之下，他們要求加薪的理由就是，因爲他們應當「值得的更多」。

可惜一般人的表現並不像棒球選手的打擊率那樣，有清楚的統計數字可以依循。一般人都覺得自己薪水過低，而自覺待遇偏高的人自然不會提起。在衡量薪水的高低時，除了金錢之外，有兩個不能忽略的因素：

1.工作的樂趣

一位員工要求加薪，他所持的理由是，他大學最要好的朋友現在的薪水比他高多了。我告訴他，只是爲了羨慕別人的高薪，實在不是加薪的好理由。

我也告訴他，你總會找到「某人」賺的錢比你要多。你可以隨意挑選一個例子。十年前矽谷是熱門的高薪市場，更早期是工程界；現在賺錢最多的則是在華爾街搞企業併購的人，明天說不定就是律師或市場專家顧問。

要保持生活上的平衡，你得弄清楚自己要維持什麼樣的生活方式，以及你從工作上得到多少樂趣。假如你很喜愛自己的工作，沒有報酬都樂意去做，那麼，想想看，你同時還獲得了優厚的薪水，該是多麼幸運！

2.為長期作打算

我在前面已經說過，只是爲了高薪而從一個公司跳至另一個公司不見得是明智的。你應當放眼十年之後的將來，想想看那時的光景如何。

有人來向我們公司挖角時，我總要員工問問自己：十年以後情形會怎麼樣？我在新公司的薪水會持續增加嗎？還是留下來一年後會加得更多？新公司本身的前途如何？雇主和員工雙方都不能忽視長期的因素。

加薪的雙重面

我有次在別家公司裏聽到，有兩個年輕的員工在埋怨公司的薪水制度：「我的老闆請客人一頓晚餐所花的費用，就比我一個星期的薪水要多。但當我要求加薪一點點時，他居然告訴我他沒有錢！」

對一些涉世未深的人來說，許多公司的薪水制度是沒有什麼道理。我看過公司的總裁很樂意地給高級主管加數萬元的薪水，卻在祕書每週二十元的加薪上斤斤計較、猶豫不決。

這看來雖然不公平與不合情理，但可以解釋爲，許多公司裏加薪是有它的雙重的標準。

給高級主管大幅加薪等於是公司對外的一項聲明、一種標榜。公司給得爽快，主管變得光彩，彼此都分享了榮耀，而公司也因這種氣勢而蒙受其惠。

給基層員工的加薪偏於私人的範圍，與前者不能相提並論。有的上司認爲這是一種對屬下的屈服，他所計較的也許並不是金錢本身，而是不肯在權力上示弱。難怪一些自信薄弱的上司更加不願意答應員工加薪。

因此，對陷在這種局面的公司基層員工來說，最好的辦法就是淡化個人因素，而訴求你對公司的貢獻。比如以下四點：

第一，要求你心裏所想的數目，而不是想像中上司所願意給的數目。誰知道呢，也許你不用怎麼費力就可以得到你心中所想的薪水。

第二，要記得加薪是出於公司，而並非老闆自掏腰包，他不應該太心疼才對。

第三，把過去一年的成就項逐條列出，如果你自己不這樣做，誰會替你做呢？

第四，也是比前面三點加起來都重要的一點是，把你在未來一年內所要成就的事項都寫好，列在一張紙上，與上司討論。這是許多部屬常常忽略的事，而上司會很欣賞你對未來的一年已有籌畫打算，而覺得你對公司確有價值。

怎樣謀得第一份工作

我常被邀請在大學裏以「畢業生須知」作爲講題演講。我起先也準備了一些有關人際關係方面的訣竅，希望能對他們在踏入社會做事後有所幫助。

但是我後來發現，我的演講與他們的需求不符，或者更直截了當的説，他們最想知道的是「怎樣謀得一份好工作」。

我也發現學生們對公司内部情形很好奇，他們真正想問的是：企業内部真實情形究竟如何？而以一個外人的身分，怎樣能進到公司裏，成爲其中的一員呢？

這答案其實很明顯，就是你要想像你已經是其中的一分子。

更具體地來説，就是不要專注在你已經有所成就的事上：你的資歷、興趣、儀表等等，而要在一般認爲是超出你掌握範圍的項目上，多加統籌把握。以我身爲雇主的觀點來看，以下有五個因素是一般畢業生應當更積極掌握的：

1. 恆心與毅力

本公司某部門正決定要增加一個人選時，就在那個星期内，我同時收到了兩份履歷表，其資格經驗都恰好剛剛相符，而我很可能就在這二者之間選擇其一。

我認識的許多其他的主管也大概會採取同樣的做法。原因很簡單，這比翻箱倒櫃，去重新比較一年內所收到的不下三千封的履歷表容易多了。這雖然不是最周全的辦法，但卻是最實際的做法。在許多公司，尤其是延攬基層人才時，所採取的都是最簡便的方法。

所以，如果你對自己的資歷很有信心，而並不是誤打誤撞寄出幾千份的應徵信函，乃是針對一些特定的公司，應徵特定的工作時，一定要有恆心、有毅力、堅持不懈。不要把那千篇一律的拒絕信當成最後的判決書。回一封謝函，謝謝他們考慮你（讓你的名字有第二次機會加深印象），然後二、三個月後再試一次。這樣雖然不能保證聘用的人會在有了空缺的時候記得你，但你至少比那埋在檔案櫃裏的兩百份履歷表要有希望得多。

2.把握好運氣

如果常運用恆心與毅力，通常會帶來好運。其實許多人天天都有好運氣等在身邊，但好像只有成功的人才能察覺並把握機會。

多年前，一個哈佛商學院的畢業生在飛機上與鄰座的一位長者交談。他很天真熱情地把他對工作的不滿都說了出來：一畢業就加入寶鹼公司是個錯誤；而市場推銷並非他的志向，投資才是他的專才與最愛。這位長者耐心地聽完他描述自己在一年內怎樣回收雙倍的投資策略。抵達終站時，二人交換了名片，而長者說：「你如果到了巴爾的摩（Baltimore），可以來找我。」

這位企管碩士並沒有把這話放在心上，直到回到了家，一看名片，原來是傳奇性的投資家普萊斯（T. Rowe Price）。他意識到幸運之神正向他招手微笑，在四十八小時內就到了巴爾的摩，真的去找普萊斯先生。今天他經營了好幾個普萊斯的投資基金，並且協助經營整個公司。

3. 立即有所貢獻

一般公司在遴選剛畢業的求職者時，都會看看是否有一些成就——運動上或學業上的得獎、或是領導者的職位。如果你在這些方面表現平凡，就試著帶進一筆生意，立時對公司有所貢獻。

一位社會新鮮人想加入我們的體育部門，他認識一位大學裏的著名的運動員，如果他有辦法讓這位運動員成爲公司的客戶，他自然比其他人都占優勢。不論你多年輕或多沒有經驗，不論任何行業，這道理都是不變的。

帶來一些生意（或是表示很有可能作到），會使得雇主不會再在意你在學業上是否有所成就。

4. 給上司的祕書好印象

經紀人柯瑟（Pierre Cossette）告訴我，他當初成爲演員安瑪格麗特（Ann-Margret）的經紀人的經過。安瑪格麗特來找他的那天，柯瑟很忙，已經吩咐他的祕書，那天他不打算見任何人。安瑪格麗特當時是西北大學的學生，與柯瑟的祕書閒聊，發現她們同屬於一個社交俱樂部。因爲這層關係，這位祕書再去問她的上司說：「皮爾，你好不好見她一下？她真的很好呢。」這一切都是因爲安瑪格麗特給她的印象很好。

很多年輕人不懂得，祕書有這種讓老闆見一個人或不見一個人的權力。我相信我的祕書就主掌這種大權，端看這個人是否給她良好的印象。

5. 主動挑選公司

在求職的過程中，你最能主控全局的機會是在一開始找事，決定要向哪些公司申請的時候。而這也正是很多畢業生忽略的一點。

他們不沿用在四年前申請大學時嚴格審慎挑選的標準，相反地，只是向全國各處零散地寄發成打的履歷表，看看運氣如何。

哪家公司中選就算數。更糟的是，他們急功近利，而不考慮長期性的益處。他們只注重起薪、頭銜，而忽視公司的所在地、發展性或有多少疊床架屋的管理階級會阻擋他們的陞遷。

我在耶魯大學法學院畢業之後又服了兩年兵役，開始去找第一份工作。我第一件事就是參考一本全國律師事務所的指南書。我針對我喜歡居住的幾個城市裏去分析這些律師事務所，對合夥人的年紀特別注意，我心想，如果事務所裏有許多合夥人會在十年內退休，而我能表現優異的話，我就比較有機會被擢升。經由篩選過後，我發出了許多的求職信件，並且去許多事務所面談。

不支薪的服務

年輕人常問我怎麼樣可以找到一份他們真正衷心喜愛的工作。我很坦白地告訴他們：「不要支薪。假如你的表現良好，這種不支薪的情形只會是暫時性的。」

我舉了一個公司裏的例子。幾年前一位年輕女士很想加入我們多倫多的分公司，因此她提出不必付她酬勞作爲條件。不知道她是否自知她這點做得極爲高明，實際上她正迎合了公司管理階層的心意，因爲：第一，每個人都覺得自己太忙、缺乏人手；其次，沒有人手上有多餘的預算可用新人；再者，遇上熱情充滿幹勁的免費助手，有誰會加以拒絕呢？

在她加入工作不久之後，立刻就證明了她的才華，而她的上司也因爲不好意思，就開始付她一些零星的薪水，甚至由一個主管提供她食宿，現在她仍然在我們的公司服務，只是她已經成爲公司的一員，與大家一樣正式領薪。

對甫出校門的新鮮人，或經濟獨立正在考慮轉業的人士，不支薪的服務可能是踏入心目中理想的公司最聰明的辦法。首先，很少主管能拒絕免費的服務，即使後來覺得並不合適，也幾乎沒有什麼損失。其次，在你有幾個星期施展你的才能之後，即使硬心的老闆也會付你一些象徵性的薪水。這是第一步，你已經是受薪的一員了。

對你而言，這一切有利無弊，在心目中第一流公司工作的機會極爲寶貴。這工作經驗在履歷表上看來傑出醒目；你也能親身體驗是否選對了行業。並且你有機會向公司裏最好的人學習，結交一些往後對事業有所助益的人脈關係。

商業道德原則

當內線交易的醜聞在一九八七年籠罩美國證券市場時，身負監管華爾街重任的前任證券交易委員會（Securities and Exchange Commission）的首長薛德（John Shad），交給哈佛大學三千萬元，託付他們規畫一套商業道德的課程。

當然，這種苦心也使哈佛不得不兢兢業業，「合乎道德」地應用這一大筆錢，來研究商業道德的金科玉律。

其實，要談商業道德，說穿了不外是：「你們願意人怎樣待你們，你們也要怎樣待人」的原則。這道理我們從幼稚園時就已經知曉，在今天九九·九%（也許將近一〇〇%）的商業關係上仍然適用。

另外還有以下四個原則，可以用來調適對好惡是非的感覺與標準：

1.得饒人處且饒人

以我所受的律師訓練背景，喜歡說一不二。但是人生並不是如此呆板僵化、毫無通融餘地。情勢的演變，有時使人不能履行他當時的承諾。

寬容對方不得已的苦衷，對維持長期的關係和利益常有所幫助。即使對自己完全沒有好處，只是爲對方設身處地著想，若覺得是應該寬容的，就應予寬容。

2.不要濫用「略過不提」之處

有些交易的細節在合約上是特意略過不提的，這也是一種技巧，但不要濫用它。

我們製作「高爾夫球賽」的電視節目時，乃是由福特汽車的林肯轎車部門贊助，而由ＭＣＡ負責製作。協商的過程中，ＭＣＡ說十三場比賽都會在加州最好的場地舉行，其中包括了知名的小石灘（Pebble Beach）及三藩市的奧林匹克球場。在最後簽訂合同時，卻没有指明特定的場地，只提及「加州的優良場地」。

ＭＣＡ籌備預算時，爲了節省費用，就有意利用這個漏洞，打算讓所有的比賽都在較爲低廉的南加州球場舉行。這種作法激怒了林肯的人士。MCA的董事長華瑟曼（Lew Wasserman）知道了這件事後，他這樣說：

「不要管合同上怎麼說，如果你當時讓對方以爲，比賽會在小石灘和奧林匹克球場拍攝，那你就得到那兒去製作。」

3.明白告知哪些情況要收費

你有沒有和做律師或顧問的朋友吃一頓午餐，卻收到了他們寄來的賬單的經驗？問題並不在於朋友之間收取專業知識的費用，而在於他沒有提及這頓飯屬於公事，是他工作範圍的一部分，而且這是按時計酬的。

4.堅守陣線

講道德、重倫理，並不表示就得輕易讓步。同樣一句話，各人解釋不同。在這種時候，只要自己清楚自己的想法，就沒有必要曲意討好。堅持自己的想法，有時是惟一正確的作法。

日本企業人士的特質

近年來，日本在高科技的創新、管理的技巧、員工的任命各方面，都備受讚揚與推崇，而我個人因爲公司業務的關係，與日本人接觸愈多，就愈佩服他們企業人士本身的特質：

1.風度

不管情況有多麼不順利，他們很少失去風度。他們有各種巧妙的方法來弄砸一件不理想的交易，卻絕對不會採取生氣動怒的方法。

2.耐心

我頗以自己等待事情成功的耐心而自豪，而日本人顯然是這方面的大家。他們可以安之若素，等上幾年的時間，等水到渠成，計畫便自然開花結果。

3.仔細

日本人的仔細可以在小事上表現出來。我們交給他們專賣的設計圖案——比如一件網球上衣或一件儀器，他們會把原來無心的錯誤也一絲不苟地描摹下來。就公司長期發展說來，這種個性利多於弊。

4.守時

日本人相當重視時間觀念，不論是自己的和他人的皆然。因此他們對遲到或延誤限期都覺得不好。

5.忠心

美國企業常被批評短視近利，只重視下一季的盈餘，而且只針對華爾街的評價而表現。其實更基本的問題是，美國主管好像覺得他們只能在很短的時間裏，在公司裏成名，爲自己將來的陞遷或另謀高就奠下基礎。他們爲自己個人前途的考慮比爲公司打算來得重要。我佩服日本人以公司爲主的心態。當有好消息時，每個人先爲公司衷心慶祝，其次才想到自己。

6. 誠實

我想，在我所有來往的國家中，日本，是最不可能給我一份不實的權利金報表的地方。

領導人物的特質

我們努力不懈、力爭上游，乃在於追求領導者的地位。而領導統御，當然需要一套與身爲跟隨者截然不同的才幹。

英國軍事歷史學家奇根（John Keegan）認爲偉大的戰場統帥，如亞歷山大和拿破崙之流，具有以下重要的領袖特質：

- 誠心關懷
- 指令明確
- 賞罰分明

●適時出擊

●並肩作戰

商場雖然不完全像戰場，奇根的要訣卻值得採納、引為借鏡：

1.讓部屬知道你關心他們

空言無益，要以行動表示。

比如說，即使在經濟困窘的情形下，仍然不失對部屬的情義。我認識一位高級主管，在公司面臨縮減的危機時，公司裏一些前進的年輕人建議他裁減幾位服務了二十多年的幹部。他們的理由很簡單：這些幹部已江郎才盡，遣散後所節省的薪水可另作他用。

這位主管知道他們或許言之有理，在道義上他卻不能拋下跟隨他多年的忠心夥伴。他留住了他們，也安然度過了這場驚濤駭浪。

我想，他在年輕人的心目中，應該因此更堅立了領導者的地位。

2.目標清楚，步驟明確

一位領導者能替部屬描繪偉大的遠景：「五年之後，我們即將居於領先的地位。」而有效的領導者會加上實際的細節。員工不只需要遠見，也需要清楚明確的步驟，日復一日地在工作上實行出來，終有達成目標、美夢成真的一天。

3.有功必賞，有過必罰

陞遷的快慢、加薪的多少，應當視員工的表現成績而決定。並且應當秉公處理、原則一致。

有效率的領導人擢升或貶黜一個員工的時候，這人多少該心裏有數。這是因爲主管平素就耳提面命地叮嚀所期許的目標，並且告知員工其表現如何。如果主管覺得員工表現得一敗塗地，而員工本人卻以爲自己成績斐然，這是主管未盡其責。

4.要知道何時出擊

在商場上這意指掌握各種時機？何時應當婉轉，何時應當强硬？何時保持被動，何時當轉爲主動；何時當全神戒備，何時當輕鬆自然？

領導人的一個明顯的特性就是有能力下達攻擊令：「此時出擊！」然後攻城掠地。即使身處基層的崗位，具有這種能力，也最能嶄露頭角。我很容易注意到公司裏一些年輕的員工，能堅定有力地建議我們採取出擊的行動。如果我同意他的戰略，而且因此打了勝仗，這個少尉很快便會陞爲上校了。

5.讓部屬知道你與他們有難同當

在戰場上，你與部屬並肩作戰；在商場上你親自行動，以身作則。

在公司裏最受尊敬的主管，是公司裏大小的事情都能做的人。他們能挽起袖子，親自示範，自然能建立起他的權威。

在創業之初，我曾經帶一位部屬與我同去一家大公司談交易，出門時合同已經在手。我想這位部屬看到我如何走進別人的辦公室，直接提出要求，做成第一筆交易，一定給他很深的印象；這也是他日後能簽下許多合約的原因之一吧！

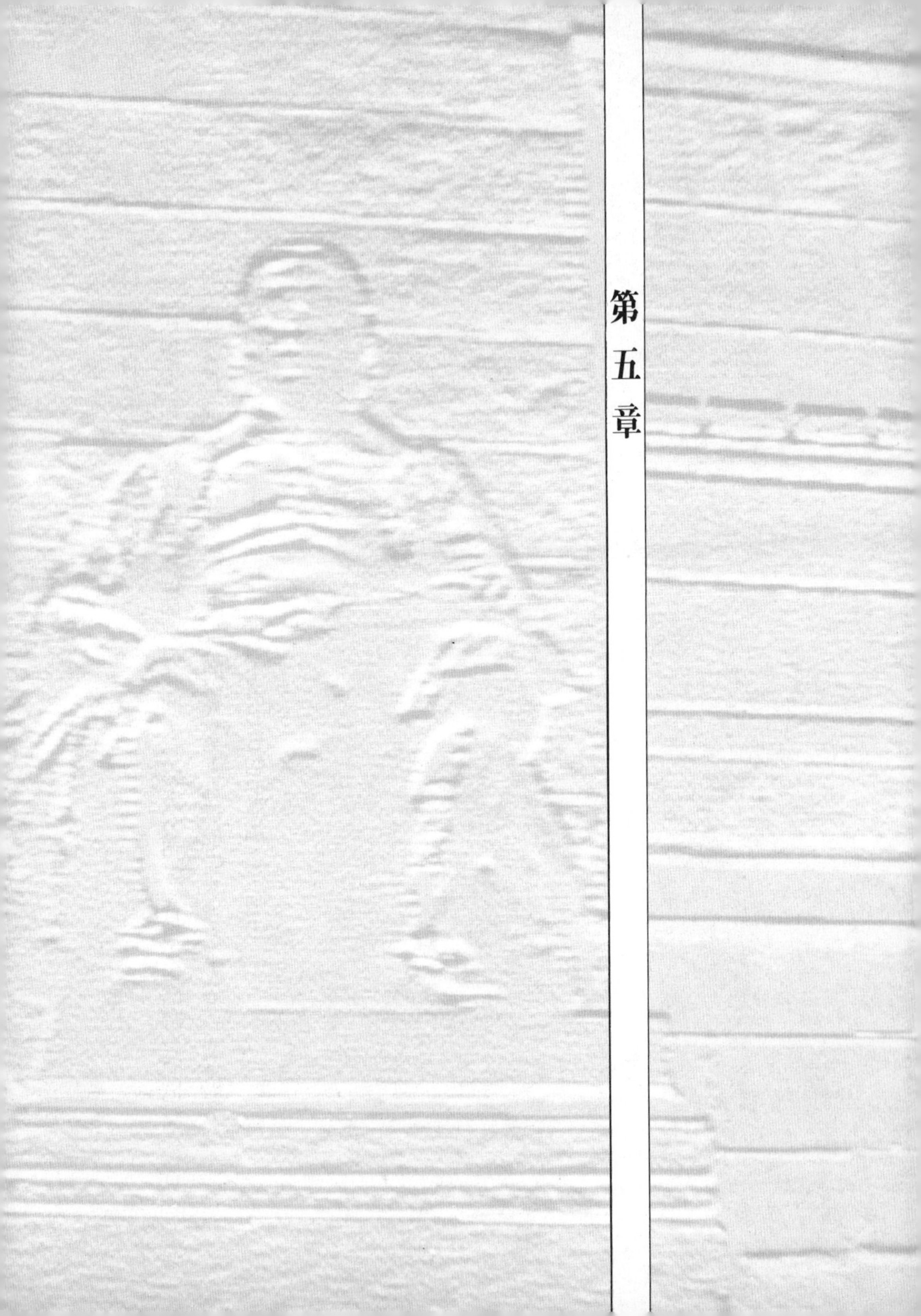

第五章

時間企畫

許多人喜歡在時間上逞英雄，
總是想在短時間內擠進太多的事，
結果做事品質低落，約會姍姍來遲。
千萬勿作「時間英雄」，
也要拒絕作英雄腳下的受害者。

時間企畫其實很簡單。

- 建立自己的制度。
- 始終堅守並力行不懈。
- 把每樣事都寫下來。

可惜，這是個繽紛複雜的世界，一切並不時時依照這些原則行事。我個人在時間企畫上，忠誠不渝地應用以下幾個策略，使得外在的因素較能配合我的需要：

1. 認知自己的影響力

我認識一位主管，每每以他得去遷就別人或是別人需配合他這點，來衡量自己的權勢。他最高興的，莫過於別人得更改原先的計畫來配合他的時間，似乎因此就能凸顯出自己的重要。

我倒不贊成這種態度，但是認知自己具有多少影響力卻自有它的道理，對這點愈清楚，就愈能控制自己的時間。許多時候人們常常弄錯了，以爲自己有極大的自主權，事實卻不然，結果連最簡單的制度也變成一團混亂。

2. 早做安排

預先排好行事曆，以便隨時能與別人安排會面的時間，會給別人有條不紊、準備周全的印象。

但是，在幾個星期或幾個月前就訂下約會也有麻煩。如果到時候情形改變，就得大費周章，重新安排；或者是讓對方如約而至，自己卻得忍受一點不便。

比如說，我在一九八七年安排四月間到日本一趟，當時我以爲，我的太太在那時會到日本參加網球賽。等我在日本的會議行程一切都安排妥當後，她卻變更賽程。因此我們兩人在日本的時間就前後錯開了。

當然，如果我等到最後一分鐘才安排行程的話，那麼，有一半我想見的人都無法晤面了。

3.學習留白的藝術

很多人不習慣在一天的時間中有一些空白。他們覺得，這表示不夠努力或跟不上腳步。但是「空檔」使我重新充滿幹勁與活力。

在我每天的時間表裏，有兩段空白時間，一在上午，一在下午。我早晨起得很早，利用清晨五點到七點這段時間口授事宜，閱讀傳真文件，及處理公司一些內部事項，通常到了早上十點我已經開了好幾個會議。

這兩段留白的時間使我有機會思考當天要進行的事項，我也利用這段時間打電話給別人，安排會面的時間。

當我真誠地對訪客說：「我這個下午的時間都是你的了。」那時，總是帶給我極大的快感。這表示我時間企畫得當，才能有如此充裕的時間。

4.規畫短期未來

我的時間多半花在與人會談上面，因此，先花一些時間來決定我要怎樣分配時間，去見哪些人是很重要的。我有一個特定的方法。

比如說，我打算在去紐約的行程中見四十五個人，如果還有時間的話，我也許還想多見二十個人。

我把這四十五個人分成A、B、C三組，每組十五個人。A組最優先，只要對方有時間，我一定會去拜訪。B組次之，但我也會儘量安排時間。C組排在最後，如果時間不湊巧，不能去見他們也沒有關係。

在優先想見的十五個人當中，如果有五個人這次安排不出時間，等我下次到紐約時，我就把他們歸到更高的「非見不可」的一類。我不會因一次失之交臂，就任其失去聯繫了。

我這種ABC優先順序的方法，已經行之多年了。這對我排定輕重緩急、先後順序很有幫助。更重要的是，我這樣持之有恆、辛勤不懈的長期拜訪下來，爲我建立了很好的人際關係。

安排工作時間四訣竅

我使用一本黃色的活頁簿，來安排每天的事情。每一天用一頁，我在每頁的中間畫一條線，左邊寫上要打電話給那些人，右邊記下該辦的事。我也在口袋裏放些卡片，用來記下我在公司與部屬交談的一些重點，以及要轉記到活頁簿上的資料。

每個人用來安排時間的方法不同，有的很簡單，有的很精密。有的人順手在一張紙上寫下一個星期內該做的事，依此逐條逐項完成，有的人有厚厚的一大本行事曆，分類細密繁多。但對這個人有效的方法，可能對另一個人並不見得合適，但是一個成功的人不能沒有一套安排自己時間的行事方法。

即使有了最好的方法，如果不小心注意一些自己和別人的毛病，原本安排得井然有序，很可能被弄得章法大亂、面目全非。以下是四則訣竅：

1. 先做容易的事

假如你今天有十一樣該做的事情，其中有八樣你可以算準處理它們所需要的時間，有二樣是可以大致估計，而有一樣可能會牽涉範圍較深較廣，你會先做那一樣呢？

很多人會先做最後一樣，然而到了最後，一項事情也沒有完成。我總是先努力去做可以如期完工的八樣事情。做完這些事後，會帶給我愉悅的成就感和昂揚的鬥志，來面對較艱難的工作。我認爲容易做的事可以當作一種享受來完成它，而不該輕忽它們，或覺得做完了也没什麼了不起。

2.事先預估時間流程

我並没有把守時當成生死攸關的大事，但是我頗自傲能估計出做一件事所須的時間。我對時間的安排調度與財務的預算一樣，都十分用心和謹慎。即使在最小的小事上，我也照樣堅守這個原則。比如說，我在早上八點有個餐會，我絕不輕看我應該幾點起床這件事。

我知道我需要三十分鐘的時間穿衣梳洗，十分鐘到辦公室，而我也想要有十五分鐘做做運動，二十分鐘看看報紙，十分鐘讀昨晚來的傳真，三十分鐘口述函件，五分鐘思考八點鐘的會議內容。

這些加起來總共是兩個鐘頭，所以我不能在六點以後起床，否則我就得犧牲一兩樣我想做的事，但那絕不是開始新的一天的好辦法。

3.不要逞英雄，也不要做犧牲品

很多人喜歡在時間上逞英雄，他們總是想在短時間內做很多事。也許他們覺得在一個鐘頭內，擠進兩個鐘頭才做得完的事，雖然早知無法做完，但也是很英勇的吧！其實這與英雄氣概無關，而且這種人總是進度落後，並且牽累別人。

是否有過這樣的經驗？有人跟你約下班後六點鐘見，但在他會面之前，還得打幾個電話，和滿城奔波去辦幾件雜事，結果不出所料，他到七點才姍姍來遲。

我總是避免成爲他的犧牲品。我會先問：「六點鐘？你還得做那麼多事，六點怎麼來得及？你還是先把事情做好，我們七點鐘見。」

當然，你不能天真地希望，你的時間永遠不受別人影響或干擾，其中一例就是，有人會取消約會。但是有些人似乎有這種常常取消約會的習慣，你就不應該任其牽制。

你是否太刻意討好？你有没有表示過你的不滿（最好帶點幽默）？我記得一位行銷人員在我接連兩次不得不取消我們的約會後，跟我說：「梅克，你要知道，你每次耽延，我都提高我的價格。」因爲我們真的需要他所銷售的東西，因此，他這種半開玩笑的話也讓我警惕自己。

4.安排打電話的順序

找一天作以下這個實驗：不論對方是誰，都限制講電話的時間不要超過五分鐘。你一定會發現，你忽然對自己打電話的方式特別留意，而且也會注意對方打電話時習慣。

有的人簡短扼要，有的人則好整以暇，因此我很用心思考打電話的順序，如果在半個鐘頭內要打七個電話，有六個是平均每兩分鐘就可以交代清楚，而有一個可能會嘮嘮叨叨，最好先打那乾脆俐落的六個電話，把這拖泥帶水的留到最後。這樣，當你耗在這個「長途」電話上時，至少不會感到焦躁，擔心自己沒有時間去打另外六通電話。

列單子

我很喜歡列下該做的事情。每次當我在紙上畫掉一項已經做完的事時，都有說不出的快感。

我想，一個做事規律而有系統的人，並不是看他可以列出多少該做的事，而是看他在一天結束之時，畫掉了多少完成了的事。我理想中的單子是，當一天的終了，今天該做的事已經都被畫掉。今日事今日畢，單子上該做的事都已解決。

控制時間

許多企業界人士都同意，在事業生涯中，時間是最寶貴的因素，因爲時間是惟一真正有限的東西。

常與我來往的人都知道，我很珍惜時間，我很用心並充分利用一星期的一百六十八個小時，使其發揮最大的功效。

這並不是說，我因此就成爲時間的奴隸了。我不會因爲某件事已經超過預算的時間，爲了要節省五分鐘，就草率地結束正在進行的討論。這時候的五分鐘並沒有那麼重要。

但是，如果你在一天之內能省上十二個五分鐘，那就是一個鐘頭了。而一個鐘頭的時間就大有可爲：你可以去慢跑，與孩子玩耍，睡個午覺，讀點書，多麼好！

一天內有很多時間都是零零碎碎地浪費掉了，我覺得最惱人的就是「轉接時間」，即一件事作完，下一件事還沒開始的那個中間片段。而一般人好像最不了解當事情談完，起身告別，到真正能走出大門的這段時間，要怎麼應付。

在社交的場合中，起身告別似乎已經自成一套禮儀。在晚宴的派對裏，你有沒有注意過有人開始決定要走，卻磨磨蹭蹭走到另一個角落，停下來再跟人閒聊兩句，在門旁又閒蕩一下，說不久後一定要再聚聚，等走到車旁時，又重複說一遍？這從打算告辭到真正動身可以花上二十到三十分鐘的時間。

當然，這也是社交活動的一種享受（是安排工作時間得宜的一種獎賞），但是如果類似這樣悠閒的轉接片段，也在辦公時間重複幾次，那麼時間會全然損失，不能追回。

認知轉接時間十分重要，是成功的一半；而另一半則是，技巧地不讓對方浪費你的時間。

比方說，對於遲遲不走的訪客，我會用很坦率而又帶點揶揄的口氣說：「嘿，我看我得趕你走了。」不要忘記，說話時要帶著笑意，加上笑聲。

如果，訪客說他只有三十分鐘時間來見你，而半個鐘頭之後卻還沒有告辭之意，我會說：「很可惜你只有半個鐘頭的時間。」跟對方說不好意思占用他的時間，比較說得過去。

最好的情形當然是：本來預計要花三十分鐘的討論，在十五分鐘內就談妥一切，對方給了我這樣寶貴的禮物，我不會拿這十五分鐘內來謝他謝個沒完。我會順水推舟，讓他早早離去。

怎樣約到超級忙人

近年來，在時間企畫上有一個很大的改變——許多人愈來愈會提早排定他們的時間表。

五年以前，高階層主管很少在三、四個月前就預定好做事的日期，如果我打算在四月見一個大公司的董事長，在二月或三月時打電話相約就已經綽綽有餘。但今天，我可能一年前就得定下約會的時間。

我並不喜歡這種演變。但是在現今的社會，實際情形就是如此。主管人物的生活愈來愈複雜，我也只好順應情勢。

但是，很多人可能還沒有體認到這種改變，而不懂得怎樣和這些超級忙人約定時間。關於這點，我有三個建議：

1.提早邀請——而且非常之早

最容易讓人配合你的時間表的方法就是，很早就預先與對方約好。

我有一位大忙人朋友，有一次被邀請去參加一個很優美的委內瑞拉森林之旅，平常他對這類的活動總是有禮貌的謝絕，但這個主人很精明，他早在一年半前就發出了邀請。

對我的朋友來說，一年半以後的事相當遙遠，似乎沒有什麼實際的威脅，就答應了。可以想見，愈接近旅行的日子，他愈來愈猶豫，但是也不好意思爽約。假如對方是到最近才邀請他的話，我想他一定會找個理由不去參加。

2.在淡季發出邀請

每個人都有個「淡季」，是一年之中比較沒有那麼忙的一段時間。

像我們從事代理運動員的這一行，淡季當然很明顯：足球員的淡季在二月到七月之間，棒球員在十月和三月之間。

企業人士的淡季卻不能這樣清楚地畫分。但是每個人都有一段步調比較緩慢的時間，可加以利用。

比如說，紐約市在八月時幾乎找不到人。每個人都去度假或是過個長週末，把許多約會都訂在九月勞工節之後。

而我大約有十多年之久，都是在勞工節的前兩個星期之中，是當地紐約最忙碌也最有收穫的時候，也是美國網球公開賽舉行的時候，我幾乎可以見到所有想見的人。大概是別人都不在這個時候找他們吧。

3. 讓別人有所選擇

安排兩三個特別忙碌的人一起開會，要各人能抽空參與會議已經很不容易，遑論大家都能協調出一個共同的日期了。有一個解決的辦法就是，讓最主要的人先擇定日期。我們會這樣說：「我們想邀請幾位企業界主要人士，在一九九二年於蘇格蘭舉辦一個會議。您是其中最重要的人物，哪一天對您最合適呢？」

這其中的奧妙是給了他整個一九九二年讓他選擇，選擇的範圍愈大，同意的機會也愈大。這種方式還有另外一個好處就是，因爲你刻意尊重他，以他爲主來安排日程，使對方也會尊重出席這個會議的允諾。

拜訪客戶也是一樣的道理。不要讓客戶來遷就你的行程，而是照他們的時間安排，而後要求他們尊重允諾。

可惜很多人倒行其事。

比如他們要出差到洛杉磯去，他們會告訴客戶說：「我到了再打電話給你。」這樣的說法太不妥了，等到了洛杉磯，再打電話時，對方很可能太忙或根本不在，雙方因此碰不上面。

正確的做法是，提早打電話，徵詢對方的意見：「我春天時會到加州一趟，我想那時去拜望您。有沒有哪個日期是比較合適的？」這樣，對方一定要選個日期，而不便拒絕。

建立談話檔案

我們公司員工人數成長到超過五人的時候，我就開始設立與員工的「談話檔案」。現在我在各地的辦事處裏，都有數十個我和各個主管談話用的檔案。

我把每個主管寫給我的公文或與他相關的資料，都放到這個主管的檔案夾內。有些資料歷時久遠，甚至一九七〇年的仍然保存下來。每當我要見一位部屬之前，都會翻閱他的檔案，提醒我一些該與他討論或交代的事宜。

有時候我的幹部看到我保存的文件，會大吃一驚：「啊！我真沒想到你還留著這個。」沒錯，有的文件確實已經無關緊要。但是翻開這些文件，有點類似重溫童年與成長時的照片一樣，許多有趣的回憶重新湧上心頭。而有時福至心靈，多年前的一個構想隨手拈來，能在目前派上用場。

這種一人建立一份檔案的方法，使我能隨時把握情況，不致因爲事情太多，總是有些疏漏。我以前認爲公司小、編制不大，一個人負責太多事情，才可能疏忽；現在公司成員接近八百人，我卻相信每擴充一次，疏忽的空隙就愈大。

一個公司的管理階層愈繁複，每個幹部的職務愈專精，一些新的或沒有明確定案的方案很容易就流失了，每個人都覺得「那是別人的事」。我的「談話檔案」至少能讓我可以看看，事情是否如預期般進行。

我的「談話檔案」也是我記錄和時間企畫的一部分。

攜帶了我的行事曆活頁簿、口袋裏的卡片和「談話檔案」，我就隨時都可以與人會談。有的幹部臨時說：「我得見你一下。」我也可以把他的資料夾抽出來，說：「等一下，我也有一兩樣事情要交代。」

我不知道別人的作法是否跟我一樣，但在我們公司裏倒是產生影響，現在我不管到了紐約、克利夫蘭或任何地方，我的許多幹部也都帶著他們自己的「談話檔案」來見我，而且是專門針對我而準備的。

打電話的藝術

每個電話不論長短，都有個起頭、中段和結束。中間那段沒有什麼問題，那是討論的重心，倒是起頭和結束時比較容易有問題。

我認識一個非常活潑有趣的人，但是你從電話上卻無法聽出來——他打電話時的聲調真是沈悶呆板，不認識他的人可能還以爲，打電話給他使他哪裏覺得不舒服呢。

在這點上他實在很吃虧，因爲他通常會漸入佳境，二十分鐘後，正當你想掛電話時，正是他興味盎然，欲罷不能的時候。

假如你沒有時間陪他慢慢進入狀況，真會感到焦躁瘋狂。如果他在開頭的那一聲「喂」中，能注入熱忱和愉悅，別人對他的印象不知道要好多少。

我在接電話或打電話前，有把手放在話筒上，暫時先沈思幾秒的習慣。等別人告訴我這點後，我才自覺我這樣做，讓我有幾秒鐘集中精神，斟酌我要用的聲調。

假如對方打電話來要討論的是嚴重或微妙的事宜，我會特意不要用輕鬆愉悅的聲調，表示我有多麼高興他打電話來，以免分散了他對事情本身的注意力。相反地，如果我知道對方需要我的鼓勵或建議，我在開始的幾句話裏就會用心帶著熱忱鼓舞的意味。

電話的第一句話，常常就決定了整個談論的局面與結果。

而怎樣結束一個電話也是相當重要。

我想ＣＮＮ有線電視新聞網觀眾電話直播節目的主持人金恩（Larry King），具有最佳的電話技巧，他有禮貌、詼諧、語氣生動，訪問人有時單刀直入，有時溫和委婉。

但是我最佩服的是，他應付嘮嘮叨叨或蠻不講理的人的那套方法。假如對方喋喋不休，浪費電台的寶貴時間，金恩會問：「你的重點是什麼？」這常能讓打電話的人回到現實，如果這個方法還不奏效，他就按鈕去接下個人的電話了。

我想很多人都希望自己可以這樣，直截了當快快結束一些電話。

我知道有一位主管學金恩，假裝自己對電話的按鈕很笨拙，假如對方在毫無意義的細節上嘮叨不休，他就按鍵把電話掛了。對方再打回來時，他假裝不方便接電話或爲自己的不小心道歉，這樣就有機會重新照自己的議題進行。我並不完全贊同這種技巧，但是如果其他方法都不奏效，這倒不失爲一個可行的辦法。

如何安排休閒時間

有些主管階級的人在接受聘用的合約時，相當在意能不能多拿一兩個星期的假期。但上任後卻從來不拿假期，毫無休閒時間。

不重視休閒生活的人，就無法體會，週末假期去勝地度假可以帶來多少重新充電的活力。

他們以爲休閒時間就是公事比較不忙的時候，因此再找點零碎的事來把時間填滿。他們陷在一連串的忙碌當中，對自己的個人生活、工作效率或健康都有害無益。强迫自己要有休閒時間相當重要，而且非自我規範不行。

我總是「預約」我的休閒時間，一個鐘頭也好，幾天也好，在我的行事曆上，它都與所有其他公事上的約會有著同等重要的地位，不容輕易更改。假如我決定下午要小憩片刻，而且已經記在時間表上，那一個鐘頭的時間絕對不容借用。

我常常安排四天夏威夷的休假，並且告訴我的祕書，不要任何人來打擾我。我需要四天完全無所事事。假如我想打電話問問辦公室的情形，那要由我決定，而非操之於別人。

由於我管理自己的企業，所以二天到五天的短假對我比較合適，過長的假期會積壓太多工作，讓我想到回來還得加班，就會打消了興致。

好好計畫你的休閒時間和假期，並且嚴格遵行。不然，你的時間就會像一個空出來的壁櫥一樣，一下子就又塞滿了！

第六章

溝通之道

大多數人往往忽略了：
不同職位的人需要用不同的溝通方式。
你的上司預期你向他報告，
你的同事希望你能與他分享，
而你的部屬則需要你的指示。

自從我開始寫書以來，我也開始用嶄新的角度去留意別人寫文章的方法。我很快地就體驗出，你要說服別人之前，得先引起對方的注意。而空談口號、老生長談、偏離主題等都是反其道而行。

在我們公司裏，幾乎每份文件的「副本」我都有一份。因此，我對簡短的文件有絕對的偏愛。我最喜歡的長度是一行，其次是兩行的，其餘以此類推。我的部屬都知道這一點，假如他們要說動我，最好單刀直入、簡單明白；冗長的報告並不會使我油然生敬，倒叫我頭大。

好的商業文書能符合以下簡單明確的要點：

1.直接表達

金瑟（William K. Zinsser）在他所撰寫的「談寫作」（*On Writing Well*）一書中，說道：「擬寫文書時，最大的忌諱就是虛浮誇大。每個階層的主管都有一種錯誤的想法，以爲形式簡單意味頭腦簡單。其實，簡單的形式是殫精竭慮後才產生的結晶；含混的形式表示這人糊里糊塗，或是懶於下工夫清理思路。」

2.簡短扼要

簡短的字、簡短的句子、簡短的段落，最爲有效。相信我吧！

3.立場明確

公事上的文件通常有兩個目的，一是陳述你的構想，一是抵擋別人將他的構想加諸於你。在未著一字之前，就要擇定其一。不論是進攻或防守，你都得先弄清立場，否則受文者更會搞不清楚。

4.傳遞清晰的信息

有人說最難表達的公文，是要能傳遞以下八種訊息的公文：(1)你要照這樣做。(2)我要賣東西給你。(3)我弄砸了。(4)我有壞消息要告訴你。(5)我做得好極了。(6)親愛的上司大人，您錯了。(7)這是我的要求。(8)這是我們對你的評價。

以上述任何一個句子起頭的公文，一定能引起我的興趣唸下去。

5.一語中的

在寫每個句子時，都要斟酌閱讀者的時間和其注意力。很多人寫公文是寫給自己看的，用來記下其思考的過程，但其他人並不需要知道你思考的每一步細節，更沒有興趣仔細讀它。大家要知道的是你寫公文的主要用意，而且要很快就能一目了然。假如你要提出降低成本的方法，開宗明義，第一句話就要說出來。你要求買個新電腦，在一開始就提及。不要把驚人之語留到最後，否則很可能被嚇到的不是別人，而是自己。

6.保持自己的特色

公文寫得好，作者的特色躍然紙上，不用看簽名我就知道出自何人之手。可惜，很多人都捨棄個人的特性，而採取千篇一律的公文寫法（例如：爲了增進提高生產力的目標，業已決議……）

在公文中加入個人的色彩並不容易，但是你可以採用個人的代稱開始，如「我」、「你」，和「我們」及「我們的」。這些都是簡短但明確的字眼。

惟一要避免的個人色彩是幽默。雖然我認爲幽默在商場中彌足珍貴，但笑話最好還是面對面說，寫下來有點危險，因爲你很難預料到對方讀的時候的感覺和反應。

7.了解你的對象

要針對讀者，修飾你的寫法。這並不意味著用巴結的語氣去討好上司，或是擺起架子來訓斥你的部屬；而是不要忘記，對方已經定位你的角色：你的上司期待你向他報告；你的同事希望你照會他們；而部屬則需要你指示他們。當然，不管對什麼人都當心存尊重，損人永遠不利己。

8.用黑點標明

用黑點標明有幾個好處，形式也正如我以下列出的：

- 組織思考的過程。
- 簡化繁複的項目。
- 標出整篇的重點。
- 分段清楚易讀。
- 給予閱讀者喘息的機會。

9. 使用同義字

想要進步，最快的辦法是，用更多生動的動詞。在同類字的字典裏可以找到許多活潑的動詞。在公文中不時點綴一些新鮮的用語，整篇文章就會顯得準確、積極、有活力。儘可能用主動式（如：我建議），而少用被動式（如：有建議被提出來）。摒除被動的腔調，公文中的八股味自然就消失了。

10. 不要馬虎草率

草率的人才會送出草率的公文。正確的文法和無誤的校對能顯示你對受文者的尊重，即使你的建議不被採納，也能贏得別人對你的好感。

一行式文書

如果你覺得已經被大堆的文書壓扁了，你應該多收或多寫些以下的一行式文書：

1.「如果你這麼大力推薦的話，我會與林先生面談。」

發這種公文，比自己收到的好。一開始的「如果你大力推薦的話」很有挑戰性。它使得部屬不得不尊重你的時間，更重要的是，他會盡其所能使這次會面值得「勞動你的大駕」，比你在冗長的公文裏一步步交待細節還要用心。這是樂於授權的人最好用的寫法。

2.「我需要跟您談五分鐘。」

這句的重點在於指明了時間的長短。我所知的成功主管只要知道他的時間不會被濫用，大部分都會抽空與部屬晤談。有人要求見我「五分鐘」時，我的第一個反應是這是真的五分鐘呢？還是意指十五分鐘左右？假如所寫的時間確實合理，不論是三十秒或三個鐘頭，我都會安排出特定的時間。

3.「十一月二日請答覆我。」

這是個有限期的信。日期愈是特定明確，愈有可能如期履行。如果你說：「我在十一月的第一天就要這份報告。」，很多人會引申爲十一月的第一個星期；或更糟的是，無法覺察不出時間的緊迫性。

這些好用的一行式文書有一個共同點：所言不多，但這寥寥數語清楚明確，毫無混淆誤解的可能。

兩封書簡

許多時候，成功或拙劣的書信其間分際極微，一般外人乍看之下並不會分辨出來；惟一會注意到的人，是受信人本身——然而等到那時候，爲時已晚。

讓我們看看以下兩封信的寫法，同樣是談有關客戶獎金賦稅扣繳的事。這兩封信分別由我們克利夫蘭辦事處的兩位主管，在同一天傳真給我們東京辦事處的主管。兩封信看似表達同樣的訊息，但在實際效用上卻有天淵之別。我甘冒家醜外揚的危險，用這兩封信來作一比較。第一封信是這樣寫的：

「我不懂為什麼這次客戶的獎金得扣稅。不扣稅是很重要的。務必處理此事，不加扣稅，全數付清客戶的獎金。」

這種寫法叫我頭痛。首先，第一句話就使人印象不佳。這種說法要不就是自認無知；要不就是故作諷刺，而顯得狂妄自大。

第二句說的是廢話。我們日本的會計人員當然曉得，他們應該要儘可能減低客戶的稅務負担。沒有人喜歡聽人家說教，不管是當面或是傳真都是一樣。

第三句話打著官腔，但其實並沒有權威性。叫收信的人處理事情，但並沒有提及怎麼處理；而且語意含混，「處理」到底是什麼意思？此外，這也表示他對稅法不太在行。稅的扣繳是法律上的規定，不管這稅法是不是合這位發信仁兄的心意。即使找理由說，這封信是因寫給公司同仁而不太講究，還是毫無可取。如果對方來個相應不理，我也能了解原因爲何。

第二封信，出自一位經驗豐富的主管之手，他是這樣寫的：

「我收到了您寄來的美國對日本之賽的客戶獎金。我注意到有二〇%的獎金被扣繳了。這是否不尋常？我以為，往常我們都能避免扣繳這種稅。這位客戶很需要現款，所以，如果有辦法可以免扣稅，我們極願試試。有沒有什麼辦法呢？如果有什麼我這邊能幫忙的，請告訴我，好讓我這位客戶能免除扣稅。」

這封信毫無武斷專橫的腔調，全篇都是建議的語氣，沒有下達任何命令，但卻要求答覆。而且像「我注意到」、「我以爲」這樣的語句使整個聲調和緩，並有個人的色彩（我似乎可以聽到他在講話）。我也喜歡他提及「客戶很需要現款」，讓日本辦事處分享這一點小祕密，爭取他們的同情，建立一種互信的關係。

這種協商的語調增强此信的效果。提出「有沒有什麼辦法呢？」這樣的問題，表示願意幫忙的意願。這封信並沒有把一個相當平常的稅法規定的問題，當作是對方的過失。

撰寫企畫案的訣竅

我到現在還是親自撰寫很多我們公司的促銷方案。也許，我應當多授權給別人做這件事，但是如果對方對我們公司並不熟悉，以我的名義提出方案較能被重視。以下是撰寫方案的一些訣竅：

1. 簡短

在你寄出二十四頁洋洋灑灑的大作之前，先問問自己，上次你讀到別人寫的方案的第二十四頁是什麼時候?

2. 擷菁取華

將所有的提議列出，會使得大家只以其中最糟的一個主意來評斷這個方案，或者至少總有人會專門挑這主意的毛病。而你永遠沒有第二次的機會再去製造良好的第一印象。若有什麼突發的奇想，還是等到別人對你比較熟悉後再提出。

3. 集思廣益

撰寫方案時，單獨作業並非良策，我會請我們的幹部每個人提出十幾個構想，然後，我在其中精心挑選，歸納到方案內。

4.製造聯署的關係

我最喜歡的方案：是不必我自己寫，而是由同儕寫給我的，建議某某公司應該採取的做法。我只要附上一封信，將這方案送給這公司：「這兒附上我們公司同仁的一些構想，您可能會覺得有興趣。」這方案便因此帶著一點「內部消息」的色彩，對方必然樂於展讀。

「不要麻煩上司」症候羣

一般人對上司總是寧願報喜不報憂。但其實，以上司的立場來說，壞消息要比好消息重要得多。

公司愈是成功，階級層次愈趨繁複，員工愈容易有這樣的想法：「不要勞煩上司大人吧，我們自個兒想辦法解決。」員工的立意雖佳，但上司很可能希望至少能先被照會並首肯後，才決定進行。

能幹老練的主管很了解這種情形，知道他們自己偶爾會成爲這種「不要麻煩上司」想法的受害者，因而加以防範避免。他們儘量保持敞開的心胸，並且不論好壞消息，都以一樣的態度來接納。

對優秀的主管來說，壞消息並不是用來表彰權勢或威風的藉口。他們了解，能控制住即將爆發的脾氣，是顯示出自己的能耐，而不是一種軟弱的表現。這也是使部屬能盡吐真言的最好的辦法。

一位要求嚴格的總裁，在公司的內部會議裏都以半開玩笑起頭說：「好吧，你最近還有哪些事情沒有做到的？」這話很管用，與會的員工一一列舉了一些弄糟了的事，使總裁相當訝異。

從另一個方面來說，他很慶幸能有這樣的討論。他告訴我：「我不喜歡別人放馬後炮，說：『我不是早就告訴你了嘛！』然而，有人本來應該告訴你，卻沒有告訴你，把你蒙在鼓裏，更糟！」

被打入冷宮的信

談到商用信件的寫法，我完全贊同報酬遞減律：信愈長，獲得回音的可能性愈少。我自己就曾把許多冗長的信都擱在一邊。

這些人以長信去轟炸忙碌不堪的主管，大概都以爲，洋洋灑灑才能加深印象（其實不然）；或者他們以爲一個好主意，非得要寫上五頁才能講得清楚（但真正夠好的話，十句話也就夠了）；或是他們認爲篇幅夠長，讀者才會覺得每個角度都考慮到了（其實正好相反）。

除了篇幅過長之外，以下三種信也很容易被打入冷宮：

1. 要求太多

一封信如果要求受信人做很多的事，常常會得不到回音。一個與我在事業上有點熟識的人，有一次寫信給我，要我替他的想要從事運動生涯的十三歲兒子出主意。但他的語氣似乎是要我回一份四頁的長信，詳細規畫出按部就班的藍圖。這得花我好多工夫（其實這是他的責任），結果我回了一頁的信，但對這類的要求我通常是置之不理。

做簡單的要求，像是：「請你考慮一下。」或「閱畢後請打電話給我討論此事。」事情容易辦，對方同意的機會也大得多。

2. 信上沒有回信地址

有些人不一定用公司行號的信箋，他們用私人的信箋，信上只簽了自己的名字，而地址是附在信封上。不幸的是，信封很容易失落，收信人手上就只剩下一個名字，雖然覺得他的構想很好，卻無法更進一步聯絡。

如果你的信箋上沒有印地址（應該要有才好），那麼在信中就要告訴別人如何與你聯繫。

3.重邏輯，而不用心思

許多人太邏輯化。他們寫信像是一步一步推理證明，然後像證明完畢似的把要點留至最後。這方法可以用在數學推演上，卻不能保證能吸引對方的注意。

一位年輕人給我的求職信顯然就用了心。他一開頭就說：「我現在認定你真有你自己說的那麼忙。」這精彩的開頭使我饒有興味地唸了下去。他接著談及找我的經過，自己的履歷、家世、抱負，最後以「我一定每天努力不懈，以期能與您會面」做結束。

也許我沒有空缺可以給這位年輕人，但他的信確實引起了我的注意。

因人而異的寫法

很多人往往忽略了不同職位階層的人，需要不同的溝通方式。對同樣的一件事，你的上司預期你向他報告；你的同事希望你能與他分享；而你的部屬需要你的指示。

比如說，我們公司的資深主管都知道，要向我報告一件事，只要簡單的幾句話。我不需要一五一十、娓娓道來，怎樣做成了這筆交易。我只聽重點：⑴成交了什麼？⑵由誰作成？⑶對方是誰？⑷多少錢成交？

這樣簡短的報告對同事或部屬並不合適，也沒有太大的幫助。你的同事需要更多的細節，這不只讓他們覺得自己也是其中的一分子，而且也可以從中學習，或是提供你一點意見，作爲以後的參考。

而從另一方面來說，部屬往往對公司的方向、目標有某種程度的隔閡，而當你步步高陞時，很容易忘記這一點。因此花一些時間給部屬，告知他們事情的來龍去脈或整個事情的概況，是很重要的。

這種因階層職位而異的表達方式，在對外行銷時也一樣適用。和別的公司打交道時，要把這點放在心上，以便用來準備你的行銷展示說明。

● 執行總裁、高級主管，需要政策性的回答。我們爲什麼要進軍這個市場？長期說來有什麼影響？我們預期怎麼樣的趨勢？

● 副總裁、部門主管需要策略性的回答。這要花多少錢？會不會使我的工作容易些？對我的盈餘有沒有幫助？

● 第一線的主管、工程師需要技術性的回答。怎麼操作？會不會持久？是否合用？

一般來說，和技術員談長程策略並沒有太多益處，同樣的也沒有理由拿細枝末節來煩擾總裁。

肢體語言的迷思

一般人認爲，肢體語言可以傳達許多訊息。人們不自覺的許多動作，常常透露了他内心真正的感覺。然而，肢體語言並不一定能告訴你對方心之所向，這有兩個原因：

1.你拿不準肢體語言所代表的意義

有些人在協商的緊要關頭，會不自覺地俯身前傾，好似要真正「傾向」談話的重心；或是把前面的文件推開，全神貫注。但是也有人在同樣的心態下，會往椅子上一靠，一副氣定神閒的樣子。

2.有人故意用肢體語言來加強效果——但有時卻適得其反

比如說，演講的人常常提高他們的聲調，來引起聽衆的注意；但輕聲細語可能效果更大（而且也比較不打擾人）。年輕的幹部會做閃電式的決定，來顯示自己的果決能幹，而事實上，步調稍緩反而能顯出成熟穩重。

我每當看到人用錯誤的方式來加强效果時，總會想到波士頓塞爾提斯隊（Boston Celtics）的教練奧爾巴哈（Red Auerbach）的話：「你告訴他們什麼並不重要，重要的是他們聽到了什麼。」

全盤考慮辨眞情

話又說回來，我並不是說肢體語言不能傳遞信息，事實上它多半代表著某種意義。但是你不能遽下斷語、人云亦云，或無中生有地自行判斷其中的含意。並且你要作全面的考量，才能得到比較可靠的認知：

1. 語氣的因素

在談話中，注意對方的語氣和聲調。比如說：「我好喜歡這個」與「我真的好喜歡這個」，其間就有程度的不同。要用直覺和耳朵來體會這其中的分際。

2. 比較的因素

衡量對方的回答，要拿他平常的標準來做比較。他對所熱中或强調的事，是怎麼樣的反應？

有一次我在一位主管的辦公室裏，提出我們的建議方案，對方相當冷淡地說：「這可能也不錯。」半個鐘頭後，他的助理興沖沖地衝進來告訴他一個大好的消息。他也只是輕描淡寫地說道：「那不錯。」

我恍然大悟，對他表現熱忱的程度，重新有一番評估。假如他對驚天動地的好消息只有「不錯」這樣雲淡風輕的反應，那麼以他的標準來說，他的「可能也不錯」也許就是相當認同了。

3. 時間的因素

許多人常以別人在一件事上所花時間的長短，來衡量他對這件事重視的程度。這種想法常常會影響對實際情形的判斷。

如果你去聽一個原先預定六十分鐘的演講，但演講的人只講了三十分鐘。即使內容詳盡豐富，涵蓋了所有的主題，還省得你多熬上三十分鐘燠熱的空氣，你卻覺得好像吃虧了，似乎你所重視的問題被輕忽了。

同樣的，當部屬與上司約定好一個小時的會談，而會議於十五分鐘後，在積極正面的氣氛下就結束了。不論上司怎樣褒獎有加，很多人還是會認爲時間縮短了，而覺得自己在上司的心目中並無多大分量。

這種以時間長短來判斷重要與否，是先入爲主的觀念。這使他們完全誤解了實際的狀況。

結束沒完沒了的談話

對一些忙碌的主管而言，陷入應該結束卻沒完沒了的談話中，實在是一件痛苦的事。假如你另外有事要做，卻又不懂得怎麼婉轉地打斷對方，此時的每一分每一秒都會漫長無比。

許多人求助於肢體語言——他們坐立不安、敲打手指、隨手塗寫、伸手去拿電話筒，或一股勁兒點頭同意。這一切都徒勞無功，對方如果不能從你講話的語氣中，體會到他該早早結束，便不要希冀他能敏感體會到你用肢體語言所作的暗示。

要技巧地結束談話，有三個很好用的講法：

1.「你得幫我不要再談下去了。」

這其實是說：「夠了！」，但是很少人會因爲覺得被冒犯。用點請求幫忙的意味，使對方樂意恭敬從命。

2.「你想做的事，我會看看可否幫得上忙。」

這話一方面表示：「我了解了，」一方面表示：「我可以幫你的忙。」當對方不停地用不同的方式，來反覆述說同樣的事情時，可以用這話來回答他。如果你答應幫他的忙，沒有人會在意他的話被打斷了。

3.「告訴我，你認為我們應該怎麼做。」

很多人都寧可談問題的本身，因爲這比找到解決的方法要容易多了，他們聲稱非得討論某一個問題，其實這只不過是把一些「假如當初這樣」或「當初那樣」，所產生的種種假設的結果拿來變換組合一下。這些人夢想回到過去，而避免正視未來，並且以你作爲犧牲品。

「告訴我，你認爲我們應該怎麼做。」是一個挑戰性的問題，要求一個解決的辦法。這樣對方不得不認真面對，或是起身告辭。

與新聞界相處之道

一位總裁向我埋怨，他的公司總是受到新聞媒體的刁難。他說：「他們刊登的要不就與我們所說的不符，要不就歪曲了事實，而且語氣腔調都極不友善。」

我問他，公司裏是誰在負責與新聞界聯絡。

他說：「哦，我們沒有人負責這方面，公司一向有個原則，不跟新聞界打交道。」

我心想，也許這就是原因所在。

我們也許可以說，在重視媒體的今天，這位總裁自己不識時務，咎由自取，讓他像過氣明星一樣被淘汰好了。但是我也知道，有許多總裁認真積極地討好新聞記者，延聘公關專家，把所有與他有關的消息都一一剪貼起來——然而，他們跟新聞界的關係也並沒有好到那兒去。

其中的關鍵是，新聞界不喜歡你與他們太熱絡，也不喜歡你與他們太生疏。應當不偏不倚，恰如其分。以下是達至此境的幾個訣竅：

1. 不要與新聞界爭執

爭執使談話愈形尖銳，而且刊登出來時，比你想像的還要充滿敵對的味道。

新聞界的成員與其他行業一樣，有些人才華出眾、光明磊落，但也有些人平凡無奇、品行不佳。但是他們擁有一項其他行業所没有的利器：最後的一句話總是輪到他們説，而你絲毫没有反駁的機會。

2. 給他們充裕的時間

假如記者要求三個鐘頭的時間，而你只給他們一個鐘頭，你就不能責怪他們報導的與事實不符，或是對你並無好感。

3. 儘量保密

我一向並不熱中引起新聞界的注意，而且競爭者對你的商業策略，知道的愈少愈好。

如果你在自己的行業裏舉足輕重，競爭者可能會因你的莫測高深而亂了陣脚。IBM對正在研究發展的新產品就絕口不提，而讓一些同業的專家去自行猜測。

4. 如果必得公諸於衆，要有策略

我們雖然從不刻意追求知名度，但是在運動行業中還是相當引人注意。

假如你想作些自我宣傳，就至少要先擬定策略。七〇年代時，別人並不太了解我們公司的影響力。當時，體育畫報想爲我們做一篇專訪，我儘可能幫助他們，充分與他們合作，確定他們能正確地描繪，我們公司在這行業裏凌駕他人的優勢。而後，他們稱我爲「運動這一行中最有影響力的人。」

當時，很多人經由這一篇報導才認識我們公司。他們說：「我們以前完全不知道你們經營這麼多項目。」事實上，在這篇報導刊登以前，他們根本無從了解起。

當然，有些時候不應宣揚你有多麼成功。比如說，對外宣布我們代理一百位籃球員，可以滿足我們一時的虛榮：「你看，我們規模如此龐大！」但是工於心計的競爭者，很容易利用這點來攻擊我們。他可以慫恿客戶說：「他們已經代理這麼多的籃球員，你不過是其中可有可無的一員而已。」（這對我們來說並不是很公允的論斷，但對某些客戶聽來，也許不無道理。）

即使我們實際上代理了一百位籃球球員，我寧可別人以爲我們只代理三十個人。

5. 不刊登，便收費

幾年前有人批評我們的客戶在接受訪問時收取費用，這點使新聞媒體頗爲不悅。我們當時偶爾會這樣做，乃是出於保護客戶的一片好意，因爲，有時雜誌社會要求一個運動員花上三、四天寶貴的時間來做專訪或攝影。

累積三十年與媒體週旋的經驗，我有一個新的理論：如果專訪或照片沒有登出來，我就向他們收取費用。許多雜誌期刊，向客戶要求愈來愈多的時間作專訪，答應他們要登出來作爲封面人物，事實上，他們向其他不下一打的知名人物，也作同樣的允諾。也許他們有這樣做的自由，但要求他們如果沒有如約刊登，就得付費，是證實對方有多少誠意的一個好辦法。

上電視的技巧

上電視有它的好處，這是最有力的促銷或保衛你的企業或事業生涯的方式。但是上電視並不如想像中的容易。我看過一些老江湖的總裁，面對記者或憤怒的股東時雖能面不改色、神態自若，但卻在電視機前潰不成軍。他們平日用來運籌帷幄的種種技巧，如適時應用的沈默，目光環顧全場，不輕易透露內幕消息的諱莫如深，一到了電視機前就全然不管用了。

在你準備「登台亮相」之前，你得對電視這一行有點了解。下面有七個要點：

1. 要有自己的劇本

不要期望電視是好好先生，節目製作通常希望戲劇化、有爭議性來吸引觀衆，所問的問題可能一針見血、刁難甚或帶有敵意。我對不喜歡的問題，我會避重就輕，照我自己的劇本回答，更好的方法是將問題重新措詞，再加以回答。大部分的主持人都會佩服你的機智。政治家早已深諳此道，行之多年。

2. 弄清楚節目的主旨與內容

在你答應接受電視訪問之前，先問對方以下三個問題：這個節目的主旨是什麼？你期望我說些什麼？其他還有那些人會在場？如果你對其中任何一個問題不滿意，便謝絕這項邀請。

3. 保持冷靜

電視是一種冷漠的媒體，欣賞的是冷靜、沈著的類型。許多電視製作人卻認爲，最能使議題熱門、引起爭論的辦法，就是找兩三個人在電視上展開一番唇槍舌戰。在你失去冷靜而捲入口舌之戰以前，請先記住這一點。還有，至少要清晰明確地表明，你是站在那一邊。

4. 不要停止講話

在上電視時忽然僵住了，說不出話來比說些無趣的或笨拙的話還要糟，你若一開始稍有遲疑或停頓，主持人就立刻打斷你，於是你便沒有說話的餘地。最好的電視人員懂得用四十個字左右來總結他們的看法，然後稍停，給對方發表的機會。準備好一兩句現成的話是個好辦法。

最糟的就是楞在那兒。我在英國公開賽中，替英國廣播公司作評已經有二十年了，可是我還是經常練習一兩句用以填滿空檔的話，比如說：「啊，看這個三人賽，讓我想起……」我的腦袋暫時呈現空白時，我的聲音卻依然持續。

5. 準備充分

資料要準備齊全，並且不要脫軌到你不在行的方面。雷根準備記者招待會時，就與他的幕僚先作模擬的演練。等他面對全國大衆時，已經胸有成竹，知道他要回答哪些問題，迴避哪些問題；他也準備好了許多統計數字來支持他的看法。

6. 提防刁難的問題

訪問的人通常很有技巧，他們會問假設性的問題（假如貴公司從本城遷移出去，會有什麼樣的結果？）他們會要求一個是或不是的回答，而實際上，這問題並不能一言以蔽之。他們會虛擬情況，要你猜測其他被訪的人會有什麼樣的想法，叫你在甲、乙兩者之間作一選擇，而你真正的答案其實是丙。他們費盡心機，以求節目生動活潑。在我回答這些刁鑽的問題之先，我會先對主持人和觀衆點破其中暗藏的玄機。

7. 從容面對鏡頭

眼睛要看著主持人，而不要對準鏡頭。讓攝影的人去操心角度的問題。並且要化妝。在强烈的燈光下，沒有化妝顯得慘白。記得坐姿要安詳。即使你心頭打鼓、手心冒汗也無妨，除非你坐立不安、頻頻打手勢、或不時清清喉嚨，否則觀衆根本毫無感覺。

資訊的來源

我認識的一位主管，最近在華爾街日報看到，一個大企業要關閉在中西部的一個工廠的消息。他立刻打電話去給那家公司，洽購工廠的一些機器設備，幾天之內，交易就成了。

這並沒有什麼稀奇。這種「大變賣」的買賣隨處可見。

但令我的朋友訝異的是，他是惟一打電話給這家公司的人。

「在閱讀華爾街日報的二萬人當中，你想，除了我以外，至少有一個人可以用得上以十分之一的價錢就可以收購到的好機器吧！」

我並不覺得奇怪。在商場上大多數人都從四面八方、隨時隨處吸收許多的資訊，但只有少數果決能斷的人才會把握機會、採取行動。

叫人扼腕嘆息的是，這並不需要怎樣的天賦異稟，才能想到在要關閉的工廠裏會有機器的好買賣；但你一定得自動自發，反應迅速，並採取行動。

在我們的公司裏，我們隨時傳遞新發表的文章、會議記錄、本行裏的小道消息，鼓勵大家追蹤行動、或打電話給當事者。

基於多年的經驗，我們對消息的來源以及可靠與否，有相當的把握。以下我列舉了五個最常見的消息來源：

1. 朋友

朋友是最重要的消息來源，不僅因爲他們會指正你，而且，不同行的朋友可以提供你接觸不到的人脈關係。更重要的是，熟悉你業務的朋友，還能給你很多具體的建議，節省你自行摸索的時間。

我們公司的一位主管，最近想提供他的一套企畫案給一家財務公司。他在拜訪這家公司之前，先徵詢了負責這家公司廣告代理的好朋友。他並沒有要求介紹他與什麼高階層的人會面，他只是需要知道一些要人名字，而他的朋友很樂意奉告，便節省了他許多摸索的時間。

2. 總裁

總裁人物（如果你有機會接近的話），是很好的消息來源。和他們談五分鐘，比與他的部屬談五個鐘頭來得有用。

不知有多少次，我在別的公司會議裏，聽一些專家一一列舉種種不可行的理由，最後總裁進來了，在幾分鐘內就提出了一個可以付諸實行的辦法。

3. 顧問

這就難說了。好的顧問保持他的獨立客觀立場，告訴你應當聽的，而不是他們認爲你中意聽的。不好的顧問爲了保全自己的工作，他們所說的不見得客觀，你得再徵詢別人的意見做爲參考。

4. 競爭者

你可以從輕率愚昧的競爭者口中套出許多消息。我特別喜歡在同業的會議中，讓競爭者把我們當成親信，告訴我有關他們企業的情報，比我透露給他們的還要多。

5. 媒體

我對從新聞媒體得來的消息相當謹愼。首先，媒體的消息並不是由你獨享，全世界的人和你同時獲知。其次，這消息不過是第二手或第三手的資料，常常是由競爭者、顧問、總裁，甚而由你的朋友所提供的。此外，它並不是最可靠的，我看過太多與事實不符的報導。

對我們公司最有用的媒體消息，是人事任用的變動。因爲當一個人加盟新的公司或乍獲陞遷時，最企求有所表現，此時也是促銷企畫構想的良機。

溝通方式的比較

在企業界中傳遞消息及彼此溝通，有如下的各種方式。我就其有效的程度，由效果最差的列起：

●傳單：不及格。傳單幾乎完全無效。在街頭的一角分發，到街尾就被人丟掉了。

●大量寄發的信函：丁下。發一千封信有九百九十封都被棄置，這實在不能稱之爲有效。而郵寄能有百分之一的回應，已經算是很不錯的了。

●廣告：丙。快！上次你看到的，還記得的好廣告是什麼？

●新聞消息：丙。讀者多，可靠性高，但是很難由你控制。

●小册子：丙。用來建立形象，或促銷給已經有意購買的人。

●打字的信：丙。標準的溝通方式。這樣可以保護自我，其有效程度與信的長短成反比。

●親筆信函：乙下。對已經認識的人，會有親切的味道。對不認識的人，效果如何，很難說。

●大型集會：乙。這是有官僚作風的人的最愛。愈搞不清楚自己要討論什麼，他們所邀請赴會的人愈多。

大型集會的討論，可以用來交代決定好的事宜，比較不適合用來做決議。而且這需要鍥而不舍的跟進。

●小組討論：乙上。公司內部作決議時的一種可取的方式。我覺得一個小組三個人就好，更理想的是兩個人。

●打電話：甲下。就像人家説的，打電話僅次於本人就在當場。下次決定要打電話或寫信時，記住這一點。

●一對一的談話：甲上。絕對是最好的溝通方式，並且效果勝過以上各種方式加起來的總和。下次你決定要帶著同儕或單獨前往時，考慮這一點！

第七章

效率出差

聰明的主管應特別留意：在旅遊勝地召開的會議，其用意在於以廣招徠，休閒娛樂的性質遠大過處理公事，很容易導致無意義、低效率的出差。

如果，你像我這樣常常四處奔波，你就會體會，你的旅程大部分都操縱在辦事員的手中，你也會體會到，櫃台後面的那張面孔手握大權。

可是許多人對此渾然不覺。

也許，你曾親眼目睹過下面的一幕：一個人抵達飛機場，到了票務櫃台，發現他的機位因航空公司超額訂位而被擠下來了。他不惜一切，一定要搭上這班飛機，不幸的是，在情急之下，他變得愚蠢不堪。他不能冷靜下來，尋思對策，反而聲勢凌人，威脅恫嚇。

他申斥票務員（其實並不是對方的錯），破口大罵航空公司，大聲嚷嚷，吵著要見負責人，自己像傻瓜以地在那兒演好戲。這樣驚天動地地發作一場，讓他暫時消了一口氣。但這卻使得票務員在一邊袖手旁觀，冷眼瞧著這場司空見慣的好戲。到這個時候，他的機會已經喪失殆盡，還不如就站在那兒，向這班飛機揮手作別，眼睜睜地看著它凌空而去。

事實上，票務員、侍者、旅館櫃台的辦事員，並不是一般人所認爲位高權重的人（並不是他們説東，別人就不敢往西），但在他的權力範圍之內，他們操有極大的自主權。他們可以決定，你在飛機上是不是可以有好座位，甚至上不上得了飛機；決定你是否可以在一個寧靜的角落裏享受你美好的晚餐，還是被塞到廚房門邊；如果，在旅館找不到你定房間的紀錄，他們可以用最便宜的價格，替你安排一個舒適的房間；或是讓你提起行李，往別處去自行張羅。

在這些緊要關頭，辦事員就是世界上關乎你的身心舒適最重要的人。以下有兩點要訣，可以使他們站在你這邊：

1. 恭維他們

這是最容易記住的原則，但也是最容易被人忘記的一點，尤其在疲累困倦，行色匆匆或行程耽延的時候。（其實這種時刻你更需要友善的援手呢！）

我知道有些人爲什麼會忘記這一點。因爲他們不善於和人搭訕寒喧，或真心誠意地與陌生人交談。而有些人根本認爲這些櫃台的作業、買賣都是平凡不過的例行公事。既然不會發生什麼不尋常的事，那又何必多費唇舌。所以，他們一個勁兒傻楞楞地走到櫃台前，除了報自己的名字以外，一言不發，然後就期待所有的事情都該理所當然，一切自動就緒。

其實，就是因爲事情本身平凡無奇，你才更該帶點活潑的變化。

對櫃台後面的那個人愈誠懇關切，對你自己的幫助愈大。誠心地誇讚一聲：「你戴的這個手鐲真好看。」或是：「你看來精神挺不錯的。」都能使氣氛融洽，對方較容易關照你的要求，像是比較好的房間，或比較好的座位等。

最佳的恭維方式，是表示尊重對方的意見，比如說：「您看來好像對這一帶的好餐廳很內行，您可不可以建議一兩家……」

向對方請教意見，對方也因此看重你。

2. 讓他們發揮職權

我認識一位女士很容易就使人願意親近她。她從不吝惜在別人身上花時間。她友善、風趣，並且真正關心別人。她總是殷殷垂詢對方，而不以自己爲重心。大家都自然愛戴她，常願意額外爲她效勞。因爲，如果一個人喜歡你，他就會甘心樂意地爲你做事。

這點在最瑣碎的小事上也可以看出來。比如說，今天菜單上特餐的甜點是蘋果派，並且寫明了「不可替換」。偏偏你最不喜歡蘋果派，想要櫻桃派。假如侍者喜歡你這個人，他會很樂意讓你知道，他有這點力量，可以替你端來個櫻桃派。

無意義的出差

在許多企業裏，特別是跨國企業裏的主管，常常能想出各種藉口，在任何時候都可以到他們想去的地方，有時候這就成了濫用出差，其休閒娛樂的目的大過處理公事。

我們在紐約的一位主管，有一次告訴我，他打算在一個週末，到奥地利去見世界滑雪聯盟(World Ski Federation)的一位主管。很湊巧地，我得知這位主管當時人正在紐約；我略微暗示了一下，兩個人當時距離不過數街之隔，去奧地利碰面豈不是太遠了些。

我想，每個人或多或少，會從公司爲自己謀一點好處，這是程度上的問題。有些員工無所不用其極，整天想的就是，看看那兒可以占點公司的便宜；而程度輕微的，充其量不過是，用公司的名義替自己訂本雜誌罷了。

在這兩者之間的情形就比較複雜。每個上司批准出差與否，都因人因事而異。你得先了解員工的性向。比如說，有的人喜歡出門遨遊，有的人安於蟄居，足不出戶。喜歡雲遊四海的人，要多注意他出差的目的；而對安居的人，則可能得鼓勵他們多出去跑跑。你也得考慮，哪些人用出國來炫耀，而哪些人表現優良，讓他偶爾風光一下，也未嘗不可。

我特別留意在衆之所趨的旅遊勝地所舉行的會議。我了解其用意在於以廣招徠，但是這種會議容易導致無意義的出差。

我不得不佩服，開創ＭＩＰ電視界年會的法國人。這年會每年四月在法國坎城(Cannes)舉行，吸引了整個電視界的人。因爲，每個人都嚮往四月去地中海。澳洲的電視台主管會說，我不能不去參加，因爲我們的競爭者會去的；其他每個電視台的人員也都用同樣的理由，爭取赴會。我們公司的同仁也不例外。

幾年之間，MIP已成爲一樁非去不可的例行業界盛會，我們每年花上四萬元，送六個人到陽光普照的法國去度上一週的假，等我們稍微駐足尋思：「到底我們從這個會議裏，得到了什麼收穫？」才覺醒過來。現在我們根本不去了。

無意義的出差，最大危險還不在於旅行開支的浪費，而是在於它會使人盲目地同意一些亂七八糟的交易。我認識一位創業投資家，就眼睜睜地看著他的合夥人把公司的一大筆錢，投資到丹佛市(Denver)的一家高科技公司。這位合夥人的決定並非出自精明的打算，或衡量過市場的導向，他投資的原因不過是，藉到丹佛視察之名，每年可以撈到四、五次滑雪的機會。滑雪的誘惑混淆了他正常的判斷力，當這家公司的股票由七十二元掉到三元時，他仍不肯放手。

如何選擇旅館

評估世界各大都市旅館等級的雜誌和指南，可說是汗牛充棟、不計其數。對常旅行的人來說，最重要的倒不是這家旅館是幾星級的，而是旅館的人員認不認識你，以及對你的服務態度好不好；一旦你找到了這樣的旅館，下次再去光顧，它的服務會一次比一次好。在旅館生意這一行，人頭愈熟，所得的服務品質愈佳。

除了找能對我禮遇有加的服務人員之外，我選擇國外的旅館時，還考慮以下三個條件：

1.二十四小時的房間餐飲服務

在你飛越好幾個時差線，而在當地時間半夜三點半抵達，你的肚子嘰咕作響、又餓又渴的時候，這點非常重要。因爲某些旅館的房間餐飲服務，在十二點就打烊了。

2.可靠的洗燙服務

如果你的行裝簡便，而行程又緊湊冗長的話，這點很重要。洗燙衣服的服務品質因旅館、國家而異。在日本，你把最好的衣服送出去，都不必擔心會被弄壞，而在有些其他的國家，送出去的衣服能收回來你就該高興了。

3.高品質的電話服務

我長時在外旅行，許多公事都得靠電話聯絡，因此我絕不委屈自己去住一個電話系統落伍的旅館。

你也要留意給電話接線生小費，所有出門在外的人都知道，要給侍者、門房、拿行李的人小費，但給接線生小費，會使他對你留下深刻的印象，而特意關照你。我有一次住在倫敦的卡爾登旅館(Carlton Tower)時，有個事關緊要的越洋電話找我。我當時正好出去了，這位認識我的接線生意識到這通電話的重要，於是問守門的人知不知道我去那裏，守門的人正巧聽到了我跟計程車司機說的餐館，接線生就找到了我，及時告知我這個重要的消息。

小費不一定要給現金，也可以給他與你業務相關的東西，比如我們用球賽的票或是免費的運動器材來送人，反而比給錢更加親切。

高品質的電話服務，包括按鍵式話機和可以直接接通世界各地的線路，也包括快速敏銳的總機。即使旅館上下的人都對你哈腰逢迎，但是睡意矇矓的總機會減低了其他人的殷勤努力。假如有人打電話找我，連響了十四聲，又被轉接到接待員，再響了幾聲，大部分的人老早就會不耐煩，而把電話掛掉了。

搭機旅行指南

現在，常常旅行的人提到航空公司和飛機場，沒有不抱怨的。飛機誤點、班次取消、行李丟失等都是常事；還有飛機在跑道上等了六個小時，遲遲不起飛的事亦時有所聞。

而我在過去二十年中，每年至少要飛行二十萬英里，卻鮮少會聽到我的怨言。這倒不是因爲，我沒有碰過這些惱人的事，相信我，我也碰得夠多了。

但是我不自找麻煩。我選擇航空公司非常謹慎。我會注意那家公司有最多的班次、那家有最多的直飛班次，那家有最多的備用飛機，以及那家有最多的誤點紀錄，那家離提取行李的地方最近，那家有行李的特別運送，甚至那些對能帶上飛機的行李的規定比較寬鬆。

以下是我對常常飛行的人的一些建議：

1. 讓航空公司的人幫你的忙

我很用心試著在每個飛機場，都去認識負責顧客關係的人。航空公司都有這種特別服務人員，來協助「重要人物」和「並不特別重要的人物」。他們神通廣大，可以幫你換到頭等艙的位子，並能在你趕時間的時候讓你快點通過海關和移民局。

你不需要是個電影明星或是大汽車廠的董事長，才能得到這種禮遇，如果你時時在外奔波，就要勤於與這些處理顧客關係部門的人員，建立良好的關係。

2. 加入貴賓俱樂部

幾乎每個航空公司的貴賓俱樂部，我都加入了。這樣我在早到或飛機誤點時，能有個休息、打電話或甚至開個會議的好去處。

3. 寧早勿晚

這是最淺顯的道理，可是一般人通常都做不到的。他們非得在最後一分鐘抵達，而在飛機場做百米賽跑的衝刺。

我從不這樣。我寧可早一個鐘頭到，而不要在交通擁擠的路上，忍受不知道會不會趕上飛機的心理煎熬。我聽說柯夢波丹雜誌(*Cosmopolitan*)的總編輯布若恩(Helen Gurley Brown)最不喜歡交通阻塞延誤時間，她都在飛機起飛的二個鐘頭前，就抵達飛機場（並且帶著工作去做）。

如果你要託運行李，至少要留一個鐘頭轉機的時間，如果你攜帶行李上機，轉機的時間便可以排得近一些。而我總是自己帶行李上機。

4.航空公司愈大愈好

選擇班機次數頻繁，飛機吞吐量大的大航空公司。因爲它的備用飛機比較多。有人建議我避免搭大航空公司的飛機，因爲它們常有罷工的問題。但是，航空公司的勞工問題防不勝防。比如說，在歐洲，交通指揮員、地勤人員、駕駛員或空服人員在二十四小時内就可以罷工了。你無法避免這些臨時的罷工問題。

5.最佳搭機時間

根據統計，最糟的時間是星期五和星期天的晚上，星期二和星期六晚上最空，當然，航空公司也知道這一點，所以在星期六提供比較便宜的機票。

此外，假如你訂了下午五點的飛機，從紐約的勒瓜迪亞(LaGuardia)或芝加哥機場起飛的話，就不要埋怨飛機停在跑道上遲遲不起飛，早上八點或下午五點的飛機是最易誤點的。我要不然就是一大早七點就走，要不就是搭近午或晚上的飛機。搭乘中午的飛機的好處是，早上還可以做一大堆的事，而且也可以少吃一頓午飯（假如你在節食的話）。

6. 多訂幾班飛機

我不太願意公開承認這點，但在我不確定是星期二或星期三動身的時候，我會把兩個時間都訂下來，當然，我一旦決定了行程之後，就馬上取消另一班飛機。

7. 不要做沒有效率的事

我以前常在飛機上看書或是做點文書工作。但我很快就發現，我在地上做這些事會有效率得多。現在我多在飛機上補足睡眠，因爲在三萬英尺的高空中沒有電話和其他的干擾，而我到了目的地後，因爲睡足了，神清氣爽，精神抖擻。

適應時差的方法

我不能同情別人用時差作爲藉口。我一年飛上二十萬英里，假如我一天到晚擔心時差，豈非一事無成。

我適應時差的方法也許和別人不同，但下面四個原則對我很管用：

1.在飛機上睡覺

我很幸運的是，不管在什麼情況下都可以呼呼大睡，在飛機上也是一樣。如果你能在飛機上睡得好，到了目的地就不會呵欠連連。

2.立刻適應當地時間

身爲企業人士，我認爲一到了一個新地方，馬上就能適應當地的作息時間是很重要的。作法就是：毫不歇息，全力迎向當地新的一天。

一般人從加州飛到紐約，或是從紐約飛到歐洲，最自然的反應就是想小憩片刻，這一小睡就把你帶回原來的時間，到了晚上又睡不著，第二天早上當然萎靡不振。

我的作法是，當天下午努力和瞌睡蟲奮鬥，沖個澡，馬上整天辦公。到晚上早點上床，一夜好睡，第二天我整個人都已經能適應了。

我不是說，在你最重要的會議前不該有適當的休息；最理想的情形當然是可以有幾天的時間調適，但是並不是每個人都能有這種餘裕。而且，面臨挑戰，不應該因時差而影響你高昂的鬥志。

3.短程旅行無需調整

如果旅程很短，不要調適成當地時間，而相反地，要繼續保持原來的時間，我有時從紐約到東京只有停留一天，因爲東京半夜二點是紐約上午十一點，我就從東京半夜兩點開始打國際長途電話，或做點文書工作，一直到東京天亮。我就不跟著東京時間調整了。

4.少吃或根本不吃東西

原則上，在晚間的飛行時間當中，不要吃東西，因爲這等於半夜的時候吃早餐。在飛機上吃得愈少、酒喝得愈少愈好。到了目的地後，再讓你的肚子告訴你，應該什麼時候吃東西吧！

如何應付態度惡劣的餐館

在你對付態度惡劣的餐館之前，先得給「惡劣」下個定義，我覺得，態度惡劣就是：餐館有雙重的標準，對「我們」和「他們」的態度截然不同。他們明顯地偏心，公然特意巴結貴客，而冷落其他的人。

諷刺的是，這種冷熱不一的態度有時反而使這餐館更加熱門。被奉承的上賓當然不覺得他們惡劣，而被輕視的另一批人，卻是自己送上門來任人宰割。

碰到這種情形，老實說，並沒有什麼辦法。你可以不給小費，或下次絕對不再光顧，但你如果已經上了賊船，那就來不及了。

在這一晚完全報銷以前，不妨考慮以下幾個對策：

1.弄清楚是「服務不佳」還是「態度惡劣」

這其中的分際並不含糊，服務不佳是例如：湯是溫吞吞的，忘了上飲料，上菜緩慢，賬單搞錯了等等。

態度惡劣，卻是明顯的擺出「誰睬你」的傲慢態度。你明明訂了位，卻叫你再等一個鐘頭；你要一張大一點的桌子，他們騙你說沒有；火速上菜，一副要趕你快些吃完好離開的樣子。你很難明指是哪兒態度惡劣，但是你却清清楚楚可以感受得到。

服務不佳比態度惡劣要常見得多，但也較容易原諒。

2.找領班溝通

假如你生氣了，不要當場發作，演出一場好戲。這只有激怒對方，使他更加氣燄高張。而且即使你占了上風，你和你的客人大概也吃不下了。

試著用委婉的方法，把領班叫到一邊，告訴他你的不滿，如果你知道誰是負責人，告訴他：「我很喜歡你們的餐館，情調、食物都很好，我也介紹許多人來。但是今天事情有點不對勁，我想你應該了解一下。」對方多半都會聽得進去的。

3.保持禮貌

在餐館的態度和平常應該没有什麼不同，但是有些人一進了餐館，好像就變了一個人，敏感得不得了，一點小事就激怒他，而平日在辦公室時，他壓根兒不會注意到這種芝蔴小事。

我有個朋友，和餐廳裏帶位子的人講話，就和他與其他主管一樣的溫和，他不虛張聲勢，自以爲了不起，也不佯裝他是有來頭的常客。

他會這樣說：「我們在別家餐廳訂了九點鐘的位子，但我們比較喜歡你們的餐廳。如果你能保證我們這兒九點有位子，我們就等；如果是要到九點一刻，我們就下次再來。」很少人能拒絕這樣彬彬有禮的人。

4. 評估對方處理顧客抱怨的態度

評量一個餐館（或企業），倒不是看你是否不滿意，而是看他們怎麼處理你的抱怨。每個餐館總會有一兩位員工偶爾失常、表現不佳的時候。

看看他們是以敵意對待或迎合顧客。如果你的抱怨是合理的，好的餐館會不收這次的賬，或是他會請你下次回來，由他們作東。

5. 不要自找麻煩

没有人喜歡等位子。但是，如果你在人最多的時候去了熱門的餐廳，就是跟自己過不去。如果你知道七點就没有位子了，六點半就吃飯又有何妨！

此外，說到訂位，不管怎麼麻煩，如果你預先知道會遲到，一定要先打電話更改時間，不要以爲餐廳不會把你的位子讓給別人。

6.不要站在外面排隊

很多人情願在外面站上二個鐘頭，等著進一個熱門的餐館，這等於是自己甘於屈就粗糙的服務品質，實在令人難解。

7.與經理做朋友

只要你跟經理很熟，不論這餐館多熱門、多擁擠，你都有辦法找到位子。但你需要經常光顧，並且給小費要出手大方。很多人覺得這還是值得的，到底，在一桌難求的熱門餐館，你能瀟灑地越過等待的長龍而翩然入座，總有一種優越感。好好的享受吧！

附帶一提：商業午餐及宴請賓客

撰寫五〇年代的經典之作「組織人」（*The Organization Man*）的懷特（William H. Whyte），有一次在紐約時報上，談到他所謂的午餐後「長時間的道別」。

多年來，懷特注意到，紐約的企業人士常在午餐後，逗留在餐館外久久不散。他說：「看來事情還沒有談完，他們就是不能彼此說再會。我想大部分的交易，都是午餐後在人行道上談成的。」

假如懷特的觀察是正確的話，這些人就錯失了商業午餐的妙用，大家在餐廳裏談生意並不是因爲他們得吃飯，而是因爲氣氛輕鬆融洽，比較容易敞開胸懷，聆聽對方的高見。以下，提出兩點吃商業午餐時，所應注意的事情：

1.不要等到最後才談重點

等到出了餐館，站在人行道上才提出談話的重點，在我看來，至少有三個理由證明這樣不妥：第一，你已經不在餐館的舒適氣氛之下；第二，你想說服的人可能已經心不在焉，心裏在想著下一個約會；第三，在人行道中匆匆握手所做的允諾，就像隨口說一句：「我們下次一起吃個飯吧。」一樣的不可靠，你至少得再開三次的會議才能敲定這次握手交易的細節。

根據我的經驗，許多人在餐館裏，都是在吃完正餐和喝咖啡之間的那段時間提出主題，這段時間通常不會有侍者來打擾。許多人會把盤子稍微往前一推，騰出桌面乾淨的一角，這表示他們要言歸正傳了。也許這意味著：這是他們的一塊小小辦公桌，我看到這個動作，就會認真起來。

在餐廳裏什麼時候提出正題，並沒有什麼硬性規定，但最開始的幾分鐘，應該用來營造氣氛；而彼此準備告辭的最後幾分鐘，應該用來客套幾句。這兩段時間最不宜談正事。

2.一對一較有利

在一對一的情況下，氣氛比較融洽和諧。每多加一個人，心理上都複雜一些，比較難說明事情或控制情況。另外，特別是在巴黎、紐約及倫敦，即使只有兩個人，也要訂三個人的座位。這可以避免兩個人被塞到沙丁魚似的座位內。

賓主盡歡的要訣

我的工作離不開與人交談討論，因此我早上、中午、晚上常常都在吃飯時開會。原則上，我宴請朋友和客戶吃飯，主要是一種享受，而不是爲了盈利，然而如果你宴客技巧嫻熟，使得賓主盡歡，自然會對你的事業有所助益。宴請的技巧有點像彈吉他，要會彈很簡單，想要專精卻很不容易。

以下是我幾年來的一些心得：

1.掌握做主人的優勢

做主人跟做客人就是不一樣。除了你有機會作東以外，你還可以決定邀請那些人，而且更重要的，可以決定在那兒吃飯。不要讓祕書或客人去替你做這個決定，不然你就失去了做主人的各種優勢。

2.選擇氣氛適當的餐廳

如果能有所選擇的話，我喜歡氣氛柔和、地方寬敞、服務周到的餐廳。但有很多好玩新鮮的餐廳卻正好相反，喧鬧擁擠又難和人交談，這些地方留著和很熟的好朋友一道兒去，不要帶生意上有來往的朋友同去。

3. 用外燴自行安排舉辦

要確保席位好，並且不受干擾，可以請人包辦筵席或外燴。你可以在餐廳裏預約一個私人的房間，這樣你可以全權決定座位如何安排，選什麼酒以及什麼時候上菜等等。

更好的辦法是，在你的地方請人外燴，你不僅能完全主控情況，而且也有機會讓客人看看你的辦公環境。

你並不需要一個皇宮或富麗堂皇的公司餐廳才能擺場面。只要很清楚地表達出你要表現的風格即可。

潘司克(Roger Penske)以前是賽車選手，現在則是大運輸企業的總裁。他個人是高效率和整潔的最佳模範。有一次他邀請了與他有往來的銀行家們，到賓州的總部用餐，筵席雖設在車庫，但卻一塵不染。

4. 帶點驚奇與變化

在你安排餐廳時可以別出心裁，不要完全按照常軌，會帶來更豐富的收穫。

許多人都局限於老套。他們選餐廳時，千篇一律，不用想像力，總是選那幾個穩當熟悉的地方(當然客人也不覺得新奇)。

下次試著介紹你的客人，到他們前所未聞，或自個兒不會去，或壓根兒不會跟你聯想在一起的地方。假如這餐館符合你的標準，也符合客人的標準，他們一定大爲讚賞。

然後，假使可能的話，邀請一些令人意外的客人。在我們的行業裏，也許是邀請網球名將娜拉提洛娃(Martina Navratilova)與二、三位總裁人物共餐。娜拉提洛娃可能會有興趣認識在企業界與她在網球場上一樣成功的人；而這些天天與商業鉅子來往的總裁人物，很可能會覺得與世界第一流的運動選手交談，是件新奇有趣的事呢！

5. 從容優雅地付賬

不管在座有那些人，付賬總是要有點本事和技巧。

我覺得在座的人愈是有錢，便愈應該由我付賬。這倒不是因爲，我要億萬富翁欠我一個人情，而是這手法出人意表。

你在事業節節上升時，總有一天，你會碰到從來沒有被人家請過的人，他們如此富有，隨時都是他們在付賬，對他們來說，三百美元的一頓飯根本算不得什麼。

對現在的我而言，三百元也許沒有什麼了不起，但即使在我事業開始的早年，對我而言三百元是筆大數目時，我還是會搶著付賬。

你可以做得很從容，不必當場爭來爭去。早點跟侍者打個招呼，或是在甜點的時候悄悄起身去把賬單付了，沒有人會怪罪你的慷慨。

6.不要商討公事

宴請朋友和有發展性的客戶最好的一點就是，你雖然沒有刻意促銷自己，但他們卻對你的作風、個性能有更深的了解。

我認識一對夫婦檔，我很喜歡他們，每次我到倫敦，只要雙方都有空，我一定會請他們吃飯。偶爾，我也會邀請想與他們結識的事業上的熟人一起，但我從來不談公事，只是偶爾問問他們在企業上的一些作法。

這樣十幾次下來，他們看出我與他們來往的作風，可能就是我平常行事的風格。他們很欣賞這一點，所以主動要求和我有企業上的來往。

7.愉快收場

假如一切都安排得宜，你的客人會在晚餐結束時，心滿意足地覺得：「這是個多麼有趣的一晚，我並不是去那些千篇一律的老地方，見那些老面孔。這個人帶我到從來沒有到過的餐廳，很合我的口味，又介紹我認識從來沒有接觸過的人。」

如果他覺得你出乎意外的了不起，你不用覺得訝異。

第八章

創業祕訣

成功的創業者是靠著：
市場時機成熟，自己準備就緒，
自信卻不自滿，創意加上執行。
英雄造時勢，既不過早，也不太晚，
才能一戰成功。

這一兩年來，自行創業的企業家成爲衆所羨慕的焦點，也是大家爭相報導的對象。在要求更多新服務和新科技的經濟環境裏，許多人對自行創業的渴望和夢想，是一天比一天更趨熾烈。

未來的一年中，大約會有超過六十萬人創立自己的新事業：其中有些人雖擁有成功的背景，及詳盡的事業計畫，卻難免遭到失敗的命運；而有些人並沒有可誇的經驗，卻卓然有成。成功或失敗常常在於，對一些問題的所持的態度，在尚未談及創業計畫之前，不妨先看看你怎樣回答以下的幾個問題：

1. 你是否孤注一擲？

一頭就栽進去新創的事業裏，看來好像挺浪漫的（而且並不是行不通的），有些人需要這種背水一戰的驚險刺激，以激勵他們一意向前。然而有人把工作辭了，一生的積蓄也都押進去了，弄成非贏不可的局面，以爲這樣成功就比較容易翩然降臨。這種人倒真叫人操心。

若是可以的話，在開始的時候還是先建立一個「安全區」。好好評估風險和報酬率，然後想辦法降低風險。報酬並不一定因爲風險降低就會相對的減少。

我在二十五年前開始創業時，有個保障就是，我當時任職的律師事務所准許我兼差。我有機會探探虛實，不一定非得「不成功便成仁」。如果代理帕瑪這件事行不通，我還可以回到律師事務所；假使看來前途光明，我就謀求更進一步的發展。想試試看自己的構想是否行得通，先取得公司的同意，再兼著做做看，是一個降低風險的好辦法。

2.你覺得什麼是最大的成就？

我在許多年後才能體會，有一種人真的無意傾注全部的時間精力，去追尋最大的成就。他們在企業上與我秉持相同的理念，但與我個人的目標並不一致。

我做事一向的觀念和態度是：(1)充分利用我的時間；(2)盡力得到最大的成就；(3)盡力獲得最高的盈利；(4)要有創意；(5)從親手栽種到收成的過程中，得到自我的滿足。

但是我並不預期每個人都和我一樣。有另一種人衷心喜愛朝九晚五的工作，他們在工作上表現優異，他們賺取酬勞，亦極受重視；並且有多餘的時間作義工、釣魚、陪孩子玩耍。這一切也都無妨。

每個機構內都有足夠的容身之處，以供這兩種類型的人擇枝而棲。只除了最高處例外！

3.不要自己當老闆，是否成就更大？

不要自己當老闆，有時會帶來更大的成就。

這種情形在各行各業裏都很普遍。假如你在醫學上有個創新突破的構想，在大研究機構的羽翼下，可以利用它的研究資金；如果在稅務上有高明的計畫，可以在律師事務所內，利用其源源不斷的客戶。這都要比你自立門戶好得多。

很多急於自己當家作主的人，常常沒有想到這一點。

4.你有沒有現金收支的觀念？

每個創業計畫裏都對收入與支出做周密的預算，而實際上常大有出入。其中，有許多人常常忽略了手上可以拿到錢要多少時間。光是因爲有了十萬元的客戶，就想辭職創業，並不表示開張的第一天裏，銀行就有了十萬元。很可能，這十萬元是分四次付清的分期付款。除非你有其他的客戶，或削減所有的開銷，否則，等第一次收款的日子就如永恆一般漫長。

5.是交易還是企業？

一位朋友告訴我：「一個企業能產生十樁生意，但是做成十樁交易並不能構成一個企業。」身爲一個投資銀行家，他從來沒有忘記公司裏大量的買賣操作才是「企業」，而獲得豐厚的承購股票只要「交易」。

許多機會能只做一次交易，就可以在很短的時間內賺到錢。但是這些「只此一次」的交易都做完了之後，你賴以維持開銷的主要企業是否能生生不息呢？

6.你想做英雄或贏家？

最近一項調查顯示，美國四十一萬名的百萬富翁中，有七五％都在五十歲以上，而且他們的財富是靠二、三十年孜孜矻矻，在一成不變的事業中，每星期工作七天而得來的。這個統計告訴我們，在每個以「英雄」姿態創立航空、電腦、或巧克力餅乾公司的例子中，就有上千的沒沒無聞的真正「贏家」在角落裏默默工作，不爲人所知，卻一樣卓然有成。

7. 錢重要嗎？

是的，錢是重要的。許多人自行創業時，只要盈利足夠自己和家人過得舒適，就很滿意了。在慘淡經營的前幾年，他們自以爲是在打基礎、投資未來、建立公司，並不注重獲取最大的盈利。然而就長期發展而言，盈利是重要的，因爲你需要盈利來付帳單、償還銀行貸款、留住人才、確保企業的茁壯成長。一個自行創業的人，不應求盈餘僅夠應付開銷，才走上創業這條道路的吧！

創業計畫的致命傷

當你一決定籌措資金，準備創業時，就會接到許多不同的建議，教你怎麼寫創業計畫。

首先要了解，創業計畫的主要目的是說服別人出錢投資，當然應以出資人爲對象，而不要把它寫成是給朋友、鄰居或自己看的。

假設你有個切合某種特別需要的產品，或服務的好構想（如果沒有的話，就不必繼續往下讀），在擬定創業計畫時，最大的致命傷就是不切實際，比如：

1.過於相信假設

我們很樂於看到，有人在計畫内認真寫著，不知道第一年或第二年内可以銷售多少單位，但至少我知道他們是很切實際的。

2.不切實際的樂觀

我佩服有勇氣開創自己事業的人，但是我不把勇氣和無所畏懼混爲一談。比如說，對失敗心存畏懼，就是一種健康的傾向，並且應多在創業計畫裏提及。創業投資的出資人懂得在慘淡經營的年頭，畏懼失敗乃是最大的刺激與動力。

3.不切實際的低估競爭者

不要因爲手上有了創業計畫，就輕視你的競爭者。評估你的競爭者，不要等閒視之。不管怎麼說，他們總是起步在你之前。如果你輕看或忽視競爭者存在的事實，那麼有意願投資在你身上的對象，很可能懷疑你還忽略了某些重要因素。

4.不切實際的迷信金錢

只有構想才能解決問題。金錢只能促其實現而已。對「怎樣尋找顧客」的問題，如果只能提出「花四十萬元來做廣告」爲對策，顯然不能令人信服。若以這種方式來解決企業初創所遭遇的問題，那麼不論投資多少錢也是不夠的。

5.盲目沈迷於計畫中

創業計畫很容易流於自說自話，前後引證，自以爲言之鑿鑿，卻忘記了這只是寫在紙上的計畫。

創業家的要件

成功的創業家談及他們的創業過程，常會有兩種說法。

其一，他們會說：「假如當初我知道創業有這麼辛苦，我絕對不會自行創業。」這話多半是說說而已，不能當真。因爲成功的創業家，都相當了解創業的道路有多麼艱辛，但卻仍舊毅然投身，勇往直前。

再者，是與感嘆辛苦成一對比的，他們也常說：「假如我早知道創業的生涯這樣有趣，我會更早就開始。」這樣的說法有點自傲，以爲自己是成功的主宰。許多成功的創業家都是靠著市場時機成熟，而自己準備就緒，才能一拍即合。英雄造時勢，既不太早，也不太晚。他們可以自許爲具有「遠見」，但其實是運氣（並且也理當要有這種運氣）。

我建議，有意自行創業的人要有自信卻不自滿，不要以爲自己很特別，也不要浪費時間去到處問別人，你是否與衆不同。

偉大的構想，對任何成功的創業都是相當重要的因素，但是能漂漂亮亮地把它做出來更是重要。很多人以爲，有了好的構想就有一切，而不知道其實這只是創業過程的開始。他們高談闊論，與家人朋友描述這偉大的創意。飄飄然聽著大家稱讚他聰明，然後就到此爲止。這些人永遠都需要再徵詢一些意見，而原先預備的資金好像怎麼樣也不夠，我真想對他們說：「你爲什麼不著手進行，而一個勁兒在這兒對我空談呢？」

企業的擴充

企業的擴充成長可以經由兩個方式：⑴你可以開發新的產品或服務；⑵買下已有的產品或服務，而加以改進。

開發新東西的風險較大，而且花費高昂，但所得的回饋卻可能令人嘆爲觀止，尤其是較獨特的、無人能與之競爭（至少在一兩年內）的產品或服務。這問問新力公司發明隨身聽的人就知道了。

第二個方式，是在原有的基礎下，加以擴充改進，即所謂一種「線的延伸」——利用既有產品的知名度，引伸到新的產品上。比如：

汰漬洗衣粉、汰漬洗衣精。

可口可樂、健怡可口可樂、櫻桃可口可樂。

在運動這一行裏，高齡高爾夫球賽（Senior Golf tour）就是職業高爾夫球賽（PGA tour）的延伸。我以前考慮過高齡賽的弊病：市場不夠，容易和職業球賽造成混淆，而且會吸收掉正規球賽的資金。但我完全低估了成千上萬五十歲以上的人，他們對老一輩的冠軍仍然相當的崇拜、風靡與仰慕。

這種延伸的方式，很適合用來擴充服務業性質的公司企業。

從某方面來說，我們公司的發展就是一連串不斷的線的延伸，多年來我們只代理高爾夫球員。等到我們自信有足夠的專業知識之後，就把業務拓展到網球、滑雪和近幾年的賽跑、體操、溜冰和棒球、足球的團隊項目，甚至涉及古典音樂。

我們把該做的事做得很好，而不將我們不能做的事放在心上。我們對高爾夫球及網球很內行，但並不表示我們就得去生產高爾夫球桿或出網球拍。

有一點要注意的，推銷的人愛把新產品標榜爲「新的」和「改良的」，對服務業的企業來說，我發現要發展一個「新的」公司或「改良的」公司都可分別做到，卻不可能兩者得兼。

以篳路藍縷，一切從頭開始所需冒的風險和成本來看，我會先試著由既有的根基來加以發揮擴充。

購併企業

我們公司的成長，大部分是由內部發展，其基本原則是：把我們專精的長才應用到別人尚未涉及的領域。比如說，基於多年來經營明星運動員財務的經驗專業，我們現在也管理一些公司主管人物的財務。

但是近幾年來，我們發掘了一些與我們專長吻合的特定行業，如出版業、古典音樂和團隊運動等。而我們也發現，有時候經由購併的過程要比發展新業務來得快速、省錢、省事得多。

這其中的祕訣在於，要爲了正確的理由而購併——而不是爲了使公司更大，或是不能抗拒「便宜貨」的誘惑，或只是正好口袋多金而購併。以下是一些應當注意的要點：

1.不要立刻期待奇蹟

有些購併立竿見影，即時可以看到盈利增加；而有些卻得假以時日，才能顯出它的結果。當初購併的原因，可能是爲了在技術上超越競爭者，或是引進新的觀念，或只是防微杜漸，不讓競爭者有購併的機會。這些利益，在短期內，並不能立時轉化爲盈餘的增長。在購併之後的一兩年內，要有耐心而且自律，記得當初做此決定的原因，不輕易動搖信心。

我認識一位經銷液壓機器的總裁，購併了一家專門製造電子控制系統的小公司。一開始，這家小公司就呈現赤字虧損。這位總裁受到一些資深經理的壓力，要他把這家公司處理掉。所幸，他並沒有期待立即的奇蹟，也沒有忘記當初購併的動機。今天，那家電子控制系統公司已經成爲液壓設計相當重要的一部分，這位總裁實在聰明有遠見。

2.要找到互利的加強效果

購併要成功，一定得雙方都有所貢獻，其中的相互配搭要自然和諧。我們幾年前決定開始替古典音樂演奏家當經紀人，其理由很充分明顯，就如我前面說過的：演奏家收入日豐；其表現是超越語言界限的；他們在多國演出，與運動員一樣，需要國際稅務的計畫；他們的演出生涯相當長；而我們推廣贊助體育活動的專才經驗，一樣可以運用到演奏會方面。

另外，我們也探聽到，人才仲介公司中最優秀的經紀人，代理的對象大多是是演藝界的，鮮少涵蓋古典音樂的人才。

我們所缺乏的就是，不知道古典音樂中，誰是其中翹楚。因此，我們找到了一家積極而信譽絕佳的小公司一同合作。我們提供國際性的人脈網絡、財務及推廣的技巧，而對方則帶來了他們的客戶和專才。

3.不要輕易失去爭取來的人才

在古今企業界合併的例子中，被購併的公司的管理階層，常被認為是多餘的。往往可見到大企業在購併之後的一年內，被購併的公司主管人員紛紛離職他去，而本公司即調遣自己原來的人員來接替。

我並不贊成這種作法。或許由於我們是服務事業，求取的是人才，而不是工廠、油田或存貨。

要先弄清楚購併的目標是管理人才，還是實質的工廠。如果你要把優秀的管理人才留下來繼續効命，便要讓他們覺得自己是新公司的一分子，而不要讓他們覺得自己只是個過客。

發行公司報告

創業家若要使他的企業茁壯成長，有一件值得投注時間和精力去做的事就是，發行公司現況的報告給公司上下所有的員工看。

我知道有好幾個私人企業的總裁每年都這麼做。

很明顯的，這報告可以用來告知員工，公司過去的情形和未來的方向。你也可以在裏面對員工諄諄教誨，把你的價值觀教給他們；同時，你也因與員工分享公司的事務而贏得他們的信任。

公司現況的報告形式長短不一，什麼樣都有。我讀過只有區區兩頁，卻相當完備的報告；也讀過厚達兩百頁，卻全然不知所云的報告。

公司報告對有些人而言，只不過是枯躁無味的公司歷史。但對有心的員工而言，卻能分辨出老闆贊成什麼、反對什麼，可以揣摩出他的執著或愛憎。

有的報告記下總裁所犯的錯誤，坦白得近乎可笑，但我想其用意是在提醒員工不要重蹈覆轍。

有的報告讀起來像在翻閱公司的資料卡，報告內容一絲不苟地列舉每一個客戶、公司與這個客戶的關係歷史，以及每項交易的負責人。這樣的報告一方面壓低競爭者，一方面開拓員工的眼界，擴展新的人脈網絡。

有的報告其實就像操作手册，這是大老闆本人直截了當地告訴員工，如何行銷、如何穿著、如何聘用、如何建立關係。

最好的報告唸起來要像是老闆給員工的家常信，領導柏克夏—赫斯威企業（Berkshire—Hathaway）的傳奇人物柏菲（Warren Buffett），每年年底寫給員工一封「董事長親函」都非常有力，而且口氣親切，內容實際。美國的財星雜誌（*Fortune*）和商業週刊（*Business Week*）都經常轉載。

也許很少人能有柏菲的幽默、風格和遠見，但以下的幾點都有助我們寫好公司報告：

第一，把你的想法寫下來（不要用演講），讓員工人手一份。若把這些話留到年終晚會的演講，其功效最多只有一半。

第二，告知實情，不要報喜不報憂。這不是給股東的漂亮的年度報告，不需要爲强調正面的消息，而把其他訊息藏在後面的附注內。

第三，不要藉此來批評或擺平紛爭。發布報告的用意是要激勵士氣，而不是使員工彼此敵對。

第四，不要刊登會成爲累贅或不實際的構想。你可能會發覺，這些構想太耗時費事，而且公司組織日趨龐大，不能確保機密消息不外流。

第五，强調保密性。我知道，有一個公司幾乎所有的員工都可以得知預算、盈虧及其他機密的消息。公司的總裁並不擔心這些消息輾轉落入別人之手。他說：「怎麼會有人對我們怎麼賺錢、花錢有興趣？」我不能認同這種不在乎的態度。我認爲公司的事情是應當保密的，這不只因爲我本人個性不愛招搖，更重要的是，我們有許多知名的客戶，所以更得多加顧慮。

本公司可資借鏡之處

我所創立的國際管理羣公司（International Management Group）的業務包括代理運動明星人物、經營體育活動、製作電視節目，這是相當獨特的，幾乎不可能被模仿複製。

我們在二十五年前就對自己作了一些規範限制。這些限制對我們公司效果顯著，對有些公司也許不適用，需要自行斟酌：

1. 我們的成長很緩慢

我一向都堅持緩慢的成長，或完全不擴充。我們是私人公司，因此不需每季都得呈現盈餘的增加。我們不必用心去討好股票分析家。

其最基本的理由是，我們是私人服務公司，與牙醫或律師事務所的性質沒有什麼太大的不同。我們仰賴人才而非機器，每一個員工都得經過仔細篩選和訓練。如果公司在兩年內客戶由十位增加到一百位，在這短期內我們根本不可能增聘老練的員工，以維持我們預期的品質和專業性的標準。

對任何一個針對個人提供服務的企業，在成長的過程中，人們最容易的忘掉就是「針對個人」這個詞，他們稍有一點成就就沖昏了頭，以爲自己的才幹能力可以無限地複製衍生。

餐館就是最明顯的例子。一個餐館的成功常常是因爲餐館老闆的手藝，他與客人熟識，親自招呼，介紹各種菜色的親切態度。只要他本人在場，就是餐館氣氛不可或缺的一部分。但如果，他以爲成功這麼容易，一下子就又開了好幾家分店，最後因他自己分身乏術，以致分店經營不善。

2.我們的業務國際化

在企業上，我們最聰明的一個決定就是：把公司業務國際化。我本人一年有一半的時間在國外，公司有一半的員工也在國外。以運動業的國際性看來，這趨勢有增無減。對其他的企業而言，國際化也許同樣可行。但是有好些主管還是只肯局限在本國的領域內。

在十五年前，我有個朋友有意在澳州代銷沛綠雅（Perrier）的礦泉水。我替他徵詢巴黎沛綠雅公司的人：

「澳州的市場怎麼樣？」

國際部門的主管回答我：「我們在那兒生意不大。我從來没去過澳州。」

他卻没有想過澳州的市場很小，也許正是因爲他本人没有去澳州推銷呢？

3. 我們不窮打知名度

許多公司的產品和服務一定得大肆宣揚，以廣招徠。我們並非如此。我們惟一要專注的是：提供優良的服務，有口皆碑，生意自然上門。

我並不樂於見到公司的人看到報章雜誌上競爭對手的活動，就緊張兮兮地說：「我們得大大反擊！」我相信，把事情做得好、做得漂亮，就是反擊的最佳利器。

4. 我們特意專精有限的項目

我們的公司只專精於有限的範圍，我們並不會因爲沒有涵蓋其他的項目而引以爲憾，或只是爲了填滿空間而進軍新的領域。

基本上，我們的業務是代理運動員。而奇妙地是，每年都有更多的運動員讓我們生意興隆。

如同我常常告訴公司同仁的，如果你在一個蘋果園裏摘蘋果，園裏並無他人，而樹枝上依然結實纍纍，又何必跑到其他果園去呢？我們可以快樂地在蘋果園裏摘蘋果。

結語

作爲一個讀者，你可能會問我，是不是真正相信以及應用自己所寫的全部建議呢？是不是在所有的情形下都得如此？我是不是隨時都伺機而動，站在上風？我是不是每次與人交往，都能縱橫捭闔，獲取最大的好處？

可以說是，也可以說不是。是的，我相信我所寫的建議，但我並不是隨時都應用，有些建議在許多情形下我並不需要用它。大多數的生意交易和人際關係都是公平、單純、直截了當的。你提供對方利益，對方也會好好報償你。這是典型的雙方互惠原則，我對這個道理深信不疑。

我們公司的客戶和顧客，不論是個人或公司，如果他們不認爲與我們一樣同蒙其惠，相信也不會與我們攜手合作多年。而我從不因爲彼此滿意，就不再精益求精了。

可惜，並不是所有的交易都平順無波。跟大家一樣，我也遇過許多人不履行承諾、不信守合約、不重視品質、處心積慮、占盡別人便宜。

在這種情形下，江湖歷練（比如說：懂得如何閱人，如何拿捏人際關係，或堅守自己的主張，使之得以實現）並不是狡猾奸詐，而是絕對必要啊！

全方位思考系列

GB016
混沌
——不測風雲的背後

葛雷易克 著　林和 譯

●定價二二〇元

傳統的歐幾里德幾何，對自然的纖細幾乎完全束手無策。日常生活中，也充滿了複雜不可預測的事物，嚴峻的因果律殿堂已漸漸褪色了。

零亂往往是假相，混沌之中隱藏著更深層次的規則。這種正在蓬勃發展的理論，給全世界帶來巨大的衝擊，創造了嶄新的思考方式，讓人們對自然現象、社會發展及個人生命的眼光都有了新的意義。

二十世紀最偉大的三項發現之一（另二項爲相對論、量子力學），一次顛覆性的科學革命，正席捲全球知識界……

GB017
居禮夫人

紀荷 著　尹萍 譯

●定價二二〇元

愛因斯坦說居禮夫人是「本世紀惟一未受盛名腐化的人」。是什麼樣的原因，讓這位本世紀最富盛名的女子不致腐化？當然是因爲她是女子——這解釋也許太簡略，卻恐怕是正確的。

透過作者獨特的觀點、譯者洗鍊的筆觸，勾勒出的居禮夫人具有截然不同的風貌：她會生氣、有趣味，讓人心醉神迷；在輝煌的科學桂冠之外的她，面臨物質環境的匱乏、緋聞、居禮先生的意外死亡以及外界對「女性科學家」角色的懷疑，卻都能從殘存的驕傲裏找到力量，而在寂寞的心靈深處，讀者看到的是一位尊貴女性對科學研究終生不渝的堅持、無私與熱情。

「真實的人生比小說更曲折」正是居禮夫人一生最佳的寫照。

GB018・GB019
全方位的無限（上）（下）

戴森 著　李篤中 譯

●全二冊定價三六〇元

（上）生命爲什麼如此複雜

在進化的過程中，生命和無生命如何分界？

爲什麼蝴蝶可以在短暫的生命裡，經歷如此完整複雜的變化？

這些有關宇宙和人類生命的問題，不斷激起科學家探究的熱情，更衝擊著一般人的心靈。書中探索生命的多樣和統一、複雜和單純，一步步帶領讀者開啓生命起源的堂奧，進而推想人在無限宇宙中的終極未來。

（下）核子冬天到又見蝴蝶

書中檢討在科技完全發展的現代，人類道德倫理的困境，從軍力平衡、核武發展、星戰計畫談到國際政治權力消長，更論及21世紀人類命運。作者以物理和數學的深厚學養，發揮完全的想像力，創造集合植物、動物、電子元件的科幻實體——太空雞。藉由這只小、巧、輕、快的發明，爲人類服務，也把生命與文明推展到無限的大宇宙。

GB020

你管別人怎麼想

費曼 著　尹萍、王碧 譯

●定價二二〇元

諾貝爾獎得主、物理學大師、出色的科學教育家費曼，幽默敏銳、率真熱情、關懷人類；特別是在科學領域有過人的秉賦，常運用高妙的思考方式，見人所未見。

本書包含兩大部分：第一部分談到父親與衆不同的教育方式、與第一任妻子的感人深情及特出的相處之道、與第二任妻子的相知相惜以及費曼在生活、藝術各方面的種種觀察和投入。

第二部分談到費曼一生中最後一次探險——參與美國「挑戰者」號太空梭失事研究調查。記錄了費曼對太空梭的研究、對美國太空總署及政府的觀察，清晰地呈現出一位傑出的科學家寬廣的識界和特別的思考方式。

GB021

理性之夢

——這世界屬於會作夢的人

裴傑斯 著　牟中原、梁仲賢 譯

●定價二二〇元

我們正站在人類精神冒險的分水嶺上——知識的新綜合體、人文藝術與科學的整合、對人類心理的深入掌握，這些都令人拭目以待。掌握這種趨勢的人民或國家，將在下個世紀享有領導地位。

作者行文流暢、思想澎湃，對未來的世界提出卓越的洞識，書中談論範圍十分廣闊，包括：模擬真實世界、造物主的造物密碼、等待救世主、錯以腦爲心的人、從不說謊的軀體、電腦與複雜性科學的革命性大結合……等。本書出版以來，迭獲紐約時報、出版家週刊、洛杉磯時報、國家雜誌等著名報刊佳評，被視爲開啓新世界之窗不可或缺的重要著作之一。

GB022・GB023

沙卡洛夫回憶錄（上）（下）

沙卡洛夫 著　牟中原、鄭懷超 譯

●全二冊定價五〇〇元

（上）氫彈之父（1921-1967）

本書中沙氏追溯父母親、長輩、家族的事蹟，並記錄自出生至一九六七年間的種種經歷。包括：出身背景、如何成爲蘇聯頂尖核子科學家、如何爲蘇聯開發出氫彈、參與核爆、氫爆的經過等，其中也表達了沙氏對赫魯雪夫、史達林、蘇聯共產主義的看法。是了解沙卡洛夫科學成就的最佳資料。

（下）人權鬥士（1968-1989）

在本書中沙卡洛夫記錄自己是如何從「軍火科技貴族」，放棄一切物質享受，轉變成一位公開反共反蘇的「人權鬥士」，以及在爲人權奮鬥的過程中所遭遇的種種迫害。

本書是了解這位俄羅斯現在最偉大的人道主義、自由主義者的第一手資料，也是了解蘇聯近七十年在軍事、科技、政治、社會各方面轉變的重要參考資料。

企業與企業家成功的故事

CB033

反敗爲勝

——汽車巨人艾科卡自傳

艾科卡　著

賈堅一、張國蓉　譯

●定價二〇〇元

艾科卡是近代美國汽車發展史上的傑出人才。一九七八年他被亨利福特二世從福特總裁的寶座上踢下來，卻在短短六年內將克萊斯勒汽車從破產邊緣，起死回生，成爲世界家喻戶曉的傳奇性人物。這本書就是艾科卡一生奮鬥成功的故事，一九八四年十月在美國出版後，立刻造成轟動，創下美國非文學類書籍暢銷紀錄。中文版也是天下最暢銷的叢書之一。

國策顧問趙耀東特別推薦，這是一本企業人與年輕人值得一讀的好書。

CB042

頂尖人物

——美國當代名人訪談錄

蘇萬納　著　韓應寧　譯

●定價一六〇元

如果你未曾用心地爲自己建立一套成功的哲學，就等於在無形中，遷就了失敗的哲學。

本書以實例探討頂尖人物的人生哲學。作者經過二年收集資料，博覽一千兩百本有關成功的書籍，進而走訪十二位美國當代各行各業的頂尖人物，以訪談的方式，抽絲剝繭地將他們致勝的人生哲學與處世方法，呈現在讀者面前，幫助讀者建立屬於自己的成功哲學，在事業、家庭、健康、人際關係，以及其他所有方面都能出類拔萃。

CB045

決斷

——日本汽車鉅子豐田英二自傳

豐田英二　著　汪仲　譯

●定價一六〇元

「一心向前，永不駐足」是豐田英二在個人及企業生命上所秉持的共同奮鬥理念。這位豐田汽車公司的董事長置身汽車業五十年，從日本沒有自製車的時代，歷經第二次世界大戰、兩次石油危機、至今日豐田汽車縱橫國際市場，在豐田這些輝煌成就的背後，都有豐田英二明智果敢的決斷。本書由他現身說法，道出身爲企業決策人的心得與經驗。

CB046

行銷巨人ＩＢＭ

羅傑斯　著　陶瑞清　譯

●定價一六〇元

ＩＢＭ從美國一家製造計算量具的數人公司，到今天已發展爲擁有四十萬員工、營業額突破五百億美元的巨型跨國企業。曾實際參與ＩＢＭ行銷業務三十四年的前任行銷副總裁羅傑斯，在本書中以坦率簡潔的文筆、具體生動的實例，點出ＩＢＭ成功的秘訣，就在於它出色的行銷哲學及策略：包括落實三大信念於日常行銷運作、建立行銷導向的環境、制定顧客策略等。本書忠實傳達了ＩＢＭ的信念與價值觀，相信任何企業都能從中獲得寶貴的啓示。

CB048

第一主義

——韓國企業巨人李秉喆自傳

李秉喆　著　朱立熙　譯

●定價一八〇元

李秉喆是叱咤韓國財經界四十餘年的風雲人物。在國內局勢動盪不安的時候，他一手創建三星企業集團，發展成爲全韓第一的國際性大企業。「追求第一」便是他一貫秉持的信念，所以他在歷經許多椎心刺骨的挫折與打擊後，仍能屹立不搖。本書忠實傳達李秉喆生前的奮鬥歷程及經營哲學，是不可錯過的好書。

CB050

新力與我

——隨身聽先生盛田昭夫自傳

盛田昭夫　著　天下文化編譯

●定價二〇〇元

四十年前，新力只是一家五百美元資本的公司，發展至今，已成爲國際間知名的跨國大企業。新力創辦人盛田昭夫在「新力與我」一書中，娓娓道出創業的艱辛及成功的秘訣，並說明如何以創意的行銷哲學推銷產品，使新力成爲世界的品牌。除此之外，書中也包括盛田昭夫的成長經歷，及他對當今國際貿易、企業管理、世界經濟問題等的看法。本書是一位傑出企業人的故事，值得每位追求成功的創意人一讀。

CB053

歷練

——張國安自傳

張國安　著

●定價二〇〇元

本書是前三陽工業公司總經理張國安現身說法，娓娓道出他從一個放牛的農家子弟，如何力爭上游，創立三陽機車及汽車王國。書中不但有他赤手空拳、奮鬥創業之過程，也有他一向令人欣賞的經營哲學、領導風格、處事態度、目前從事多角化投資經營的心得。他更坦白道出民國七十五年三月驟然離開三陽，這段鮮爲人知的曲折過程。本書由張國安親自口述，天下文化編輯羣投入一年的時間採訪、編輯而成。是第一本台灣企業家的自傳。

CB055

麥當勞

——探索金拱門的奇蹟

洛夫　著　韓定國　譯

●定價二〇〇元

已經成爲美國文化一部分的麥當勞，以突出的產品創意、行銷策略、加盟店制度等，建立起全球近萬家連鎖店的漢堡速食王國。本書由資深記者洛夫，取得美國麥當勞總公司授權，以完整的資料、故事性的筆法，爲讀者詳述麥勞當如何崛起、爲何能如神話般快速成長、ＱＳＣＶ的價值觀、成立培養人才的機構漢堡大學、全球加盟店的經營策略等。

CB058

廣告大師奧格威

——未公諸於世的選集

奧格威　著　莊淑芬　譯

●定價二〇〇元

奧格威曾被美國時代週刊譽爲「最炙手可熱的廣告怪傑」，也是世界第三大國際廣告公司——奧美廣告的創辦人。他一向以創意著稱，製作成功的廣告極多，而有「現代廣告的教宗」之美稱。本書包括奧格威幾十年來，親筆寫給同事、部屬的私人信札、備忘錄及對內對外的演講稿，不僅反映出他的率真與睿智，也可由此瞭解他的成功秘訣與人生哲學。

CB071

向創意挑戰

——3M成功的管理要訣

野中郁次郎、清澤達夫 著

陳秋月 譯

●定價二〇〇元

3M（明尼蘇達礦業採掘製造公司）是世界性的製造公司及行銷公司，被列爲全美一百大最佳管理企業，產品多達四萬五千多種。作者從創業過程、產品開發、成長歷史、管理風格、組織體系、公司策略，探索以製造業起家的3M，如何突破困境、維繫公司傳統，建立起獨步全球、產銷合一的產品王國。讀者可從本書瞭解「創意」對企業的重要性及3M獨特的管理風格。

CB078

一五〇年行銷戰

——寶鹼贏的策略

廣告年代編輯 著 邱秀莉 譯

●定價二二〇元

寶鹼（Procter & Gamble，簡稱P&G）是世界三大家用品公司之一，透過這本企業經營史，讀者可明瞭寶鹼如何在一百五十年間，從兩人公司發展到擁有七萬名員工的香皂、食品、藥品及化妝品事業王國，在一百餘國享有盛名。寶鹼面對激烈的市場競爭，以縝密的市調與獨特的研究發展、廣告、媒體計畫，配合龐大的行銷組織，將產品傳遞給消費者。它首創的廣告手法、品牌管理制度，以及甄選人才、商品策略、跨國經營方針、危機處理模式，都是產業界爭相效法與研究的典範，是經營者、行銷人員不可錯過的指南。

天下文化 新書推薦

BP007

與成功有約

——全面造就自己

柯維 著　顧淑馨 譯

●定價二二〇元

作者洞悉九〇年代追求全面成功，而不再侷限於八〇年代事業、名利片面成就的趨勢，爲讀者沙裏淘金，歸納出簡易可行、經得起考驗的七大準則：操之在我、確立目標、掌握重點、利人利己、雙向溝通、集思廣益、均衡發展。從修養內在品德，由內而外開啓改變之門，從個人的成功到人際關係的成功，進而達到全面觀照生命的境界。讓讀者領略到：唯有追求事業、家庭、人際關係、個人成長的全面成功，才是真正的成功。

生產力中心總經理石滋宜、台灣卡內基訓練負責人黑幼龍一致推薦本書值得與部屬、家人、朋友共享，是追求全面成功的經典之作。

BP008

長大的感覺，眞好

帕翠生　文　圖　桂特兒

尹萍　譯

●定價一五〇元

這是一本討論青少年種種成長問題的書。作家林良、薇薇夫人，師大教授劉焜輝，杏陵基金會家庭生活與性教育中心主任晏涵文一致推薦本書：書中溫暖、睿智、又生動的文字與漫畫，是父母、師長幫助青少年認識自己的最佳讀本。希望從閱讀這本書開始，中文世界裏的青少年也找到了傾訴的對象，學著做自己的好朋友，也做這世界的好朋友。本書已出版英、法、德、希伯來等多種文字，普受各國讀者歡迎。

BP009

可以勇敢，也可以溫柔

——都市女冒險家

史克蘿 著　何亞威 譯

●定價二二〇元

唸書、就業、結婚、生子……都會女性的人生歷程，不再是一首首含辛茹苦的悲歌。她們勇敢地追求個人成長，溫柔地觀照人生滋味。她們就是「可以勇敢，也可以溫柔」的人生冒險家。

本書貼切點出女性成長過程中，由顛簸到沉穩的蛻變心情。它鼓勵女性不憂不懼，勇敢地往前跨一步，冒險表現真我，最後必能破繭而出，化爲燦爛的彩蝶。

春去秋來，花開花謝，女性的人生目標不該在盲目的浪漫中萌芽，在無奈的喟嘆裏凋零。勇敢地作自己，建立成熟堅定的風格和魅力，並不是男性的專利。男性也不再對成長停滯的女友或妻子引以爲傲。本書幫助你在抉擇中找到真正的自己。

BP010

生涯挑戰101

做工作的主人

迪梅爾、蘇茉菲 著　李淑嫻 譯

●定價二二〇元

本書用全新的角度來看「工作」，認爲工作是人一生最重要的資產，可以轉化成生涯，而不僅只是一份薪水、一種技能或一個職位而已。這個「工作可以轉化成生涯」的觀念，足以幫助每一位在社會中投注數十年工作時間的現代人，重新建立新的工作觀，找到工作的生命價值，更重要的是在工作與愛之間取得平衡、得到滿足。

作者透過活潑俏皮的實例，傳達出一個嚴肅的主題。再提出有效的觀念與作法，最後，在每一篇結束前列出一張「自我評估」表，幫助讀者再度檢視自己在工作中的心態和方法。

全書環繞著三個主題：工作本身、人際關係及外在的工作世界。也就是：人與工作、個人與工作夥伴、人與社會環境的關係法則與應變方法，範圍周延完備、觀念成熟。

BP011

腦力激進

——十二週成長計畫

莎凡、佛莉契 著　李芸玫 譯

●定價二二〇元

聰明才智天註定，絕對無法增加？其實不然。「腦力激進——十二週成長計畫」就是一本教你如何調整、拓展你的腦力的書。作者莎凡是金氏世界紀錄最高智商保持者，她從沙裏淘金，擬訂出十二個星期的腦力增進計畫。作者指出：「這個計畫將協助你發展智力，啓發無邊無涯的思考力、認知力和理解力。你可以把這些新技巧和日常生活結合，用來解決問題、作出決定、處理業務和建立人脈。」

不斷練習腦力增進法，養成跟呼吸一樣自然的「第二本能」，你將可以建立「腦力肌肉」，體會新的思考方式，從而帶來前所未有的驚喜。

縱然不相信智商可以增強，也該相信智慧可以提升。只要保持這份信念，不忘身體力行，你將有不可思議的收穫。

CB083

改造遊戲規則

——21世紀銷售新法

魏爾生 著　孫紹成 譯

●定價二二〇元

我們的四周充滿了令人迷惑的經濟現象：舊有的產業日漸凋零，而新的產業又不斷冒出頭來；對大多數產業的經營者而言，整個商場——或者說是整個經濟情勢——正面臨前所未有的巨變。在商場競爭日形劇烈的情況下，要想洞燭機先，拔得頭籌，就必須採用大膽創新的策略——徹底改造商場的遊戲規則。

「一分鐘推銷員」的作者，也是著名的魏爾生學習公司的負責人魏爾生（Larry Wilson），針對業界的盲點，寫了這本爲各行業所推崇的精采好書。不僅提出前瞻的行銷觀念，並確實改造了業界沿用的銷售技巧與規則，擬定了21世紀的應變策略。

全書章章立論精闢，文字簡潔生動，並以各行各業的實例佐證，令人讀來愛不釋手。這實在是21世紀現代上班族必備的案頭好書。

社會人文系列		作/譯者	定價
GB001	我們正在寫歷史	方勵之著	200
GB003	對有權人說實話	高希均著	200
GB007	請問，總統先生	王力行著	200
GB008	中國在那裡	遠見編輯編	200
GB010	追求活的尊嚴	高希均著	220
GB011	兩岸中國民主的反思	金耀基著	220
GB012	追尋生命力的人	溫曼英著	200
GB013	尋找台灣生命力	小　野著	200
GB014	風雨江山	許倬雲著	220
GB015	媒介理論與現實	潘家慶著	200
GB016	混沌－不測風雲的背後	林　和譯	220
GB017	居禮夫人－寂寞而驕傲的一生	尹　萍譯	220
GB018	全方位的無限(上册)	李篤中譯	180
GB019	全方位的無限(下册)	李篤中譯	180
GB020	你管別人怎麼想	尹萍 王碧 譯	220
GB021	理性之夢	牟中原 梁仲賢 譯	220
GB022	沙卡洛夫回憶錄(上册)	牟中原 鄭懷超 譯	250
GB023	沙卡洛夫回憶錄(下册)	牟中原 鄭懷超 譯	250
GB024	浴火重生—蘇聯	李慧菊著	200
GB025	愛與執著	王力行著	200

天下經典系列		作/譯者	定價
BA002	自由經濟的魅力	馬凱等譯	320
BA003	台灣經驗四十年	李誠 高希均 編	400

知識的世界系列		作/譯者	定價
BW005X	經濟學的世界：上篇(精裝本)	高希均著	600
BW006X	經濟學的世界：下篇(精裝本)	高希均著	500
BW005Y	經濟學的世界：上篇(平裝本)	高希均著	500
BW006Y	經濟學的世界：下篇(平裝本)	高希均著	400

天下人知識系列		作/譯者	定價
第一輯			
BK1001	帝王學	周君銓譯	140
BK1002	創意人	詹宏志著	140
BK1003	企業與法律	陳玲玉著	140
BK1004	盈虧之間	王修本譯	140
BK1005	親近電腦	張國蓉譯	140
BK1006	行銷定位	李定健譯	140
BK1007	生活的觸擊	漢寶德著	140
BK1008	知己知彼	李屏慧譯	140
BK1009	辦公室體檢	黃美姝譯	140
BK1010	下班之後	沙永玲譯	140
BK1011	智慧手記	天下編輯	120
第二輯			
BK2001	領導新論	黃佳慧等譯	140
BK2002	進入廣告天地	紀文鳳著	140
BK2003	輕輕鬆鬆學經濟	陳文苓譯	140
BK2004	團體溝通的藝術	曾瑞枝譯	140
BK2005	突破商場競爭	汪　仲譯	140
BK2006	深入淺出談政治	彭懷恩著	140
BK2007	跳出思路的陷阱	薛美珍譯	140
BK2008	透視傳播媒介	鄭瑞城著	140
BK2009	理財有道	蔡其勇著	140
BK2010	城市人	詹宏志著	140
BK2011	讀書手記	朱家一譯	120
第三輯			
BK3001	風格領導	李宛蓉譯	140
BK3002	時間企畫	林幸蓉譯	140
BK3003	開會謀略	彭台光 黃佩蕙 譯	140
BK3004	個人公關	李淑嫺譯	140
BK3005	管理金鑰	黃美姝譯	140
BK3006	用筆溝通	王偉民譯	140
BK3007	說上顛峯	徐曉慧譯	140
BK3008	飛越競爭	徐木蘭譯	140

天下人理財系列(全14册)	每册140元

- 團體訂購，另有優惠。讀者服務專線：(02)506-4616
- 國外訂購價格(含郵費)

航空／歐美非地區	定價×2		水陸／歐美非亞地區	定價×1.45
亞洲地區	定價×1.8		港　澳	定價×1.2
港　澳	定價×1.5			

請將書款以美金支票寄至本公司(U.S.$ 1＝N.T.$ 26)

天下文化出版公司圖書目錄

1991 年 11 月

財經企管系列		作/譯者	定價
CB001	經濟人與社會人	高希均著	180
CB007	追求卓越	天下編譯	200
CB015	塑造企業文化	江　玲譯	160
CB019	一分鐘管理祕訣	汪　仲譯	120
CB021	59秒員工	呂錦珍譯	100
CB027	不流淚的品管	陳怡芬譯	160
CB029	一分鐘推銷秘訣	陳怡蓁譯	100
CB033	反敗爲勝—艾科卡自傳	張國蓉 賈堅一 譯	200
CB037	一分鐘領導秘訣	張國蓉譯	100
CB039	21世紀企業全球戰略	大前研一著 郝明義等譯	180
CB042	頂尖人物	韓應寧譯	160
CB045	決斷—豐田英二自傳	汪　仲譯	160
CB046	行銷巨人ＩＢＭ	陶瑞清譯	160
CB049	做個高附加值的現代人	高希均著	180
CB051	Ｅ型女性	陳怡蓁 張定綺 譯	180
CB053	歷練—張國安自傳	張國安著	200
CB054	危機管理	韓應寧譯	180
CB055	麥當勞	韓定國譯	200
CB056	工作與信仰	李國鼎著	200
CB057	我們不能再等待	趙耀東著	200
CB058	廣告大師奧格威	莊淑芬譯	200
CB061	服務業的經營策略	王克捷 李慧菊 譯	200
CB063	再創高峯	黃孝如譯	200
CB064	攻心爲上	曾陽晴譯	200
CB065	說來自在	金玉梅譯	160
CB066	股市陷阱88	陳延元譯	200
CB067Y	增强業績的TQC	馬耀輝譯	320
CB068	新一代企業人	陳秋美譯	200
CB070	成功的富女	張定綺譯	200
CB071	向創意挑戰	陳秋月譯	200
CB072	創意革命	韓應寧譯	200
CB073Y	廣東改革	徐澤榮等譯	250
CB074	實現創業的夢想	吳程遠 齊若蘭 譯	200
CB075	經典管理	張定綺譯	220
CB076	九〇年代理財趨勢	郭恆慶譯	200
CB077Y	2000年大趨勢	尹　萍譯	250
CB078	150 年行銷戰—寶鹼贏的策略	邱秀莉譯	220
CB079	大人，小的有話要說	余宜芳譯	200
CB080	到經濟地獄之路	吳惠林著	200
CB082	談笑用兵	鄭懷超 曾陽晴 譯	220

財經企管系列		作/譯者	定價
CB083	改造遊戲規則	孫紹成譯	220
CB084	經驗與信仰	李國鼎著	200
CB085	平凡的勇者	趙耀東著	200
CB086	哈佛仍然學不到的經營策略	劉毓玲譯	220

心理勵志系列		作/譯者	定價
BP001	樂在工作	尹　萍譯	180
BP002	勁在工作	洪秀芳譯	200
BP003	工作與愛	陳怡蓁譯	200
BP004	樂在溝通	顧淑馨譯	220
BP005	滿分企業人	顧淑馨譯	200
BP006	人生，另一種解答	趙瑜瑞譯	200
BP007	與成功有約—全面造就自己	顧淑馨譯	220
BP008	長大的感覺，真好	尹　萍譯	150
BP009	可以勇敢，也可以溫柔	何亞威譯	220
BP010	生涯挑戰101	李淑嫻譯	220
BP011	腦力激進	李芸玫譯	220
BP012	心靈地圖	張定綺譯	220

訂購辦法：

- 向全省各大書局選購。
- 利用郵政劃撥訂購。郵撥帳號 1326703-6　戶名：天下文化出版股份有限公司
- 利用現金袋、匯票或即期支票訂購。
  地址：台北市松江路 87 號 4F　天下文化出版股份有限公司
- 利用信用卡/簽帳卡訂購者，請與本公司讀者服務部聯絡。讀者服務專線：(02)506-4616
- 購滿 2000 元以上，台北市區有專人送書收款。

國立中央圖書館出版品預行編目資料

哈佛仍然學不到的經營策略 / 麥考梅克(Mark H. McCormack)
著；劉毓玲譯.--第一版.--臺北市：天下文化出版；黎銘總經銷，
1991〔民80〕
面；　公分.--（財經管理；86）
譯自:What they still don't teach you at Harvard Business School
ISBN 957-621-145-X（平裝）
1.企業管理
494.1　　　　80001086

財經企管 86

哈佛仍然學不到的經營策略

原　著 / 麥考梅克
譯　者 / 劉毓玲
特約編輯 / 陳美伶
美術編輯 / 楊惠媛
封面設計 / 吳毓奇
社　長 / 高希均
發行人 / 王力行
顧　問 / 尹　萍
副主編 / 符芝瑛
法律顧問 / 陳長文律師
出版者 / 天下文化出版股份有限公司
地　址 / 台北市 10428 松江路 87 號四樓
電　話 /（02）507－8627
直接郵撥帳號 / 1326703-6 號　天下文化出版股份有限公司
電腦排版 / 天宇電腦專業設計
製版廠 / 利全美術製版股份有限公司
印刷廠 / 耘橋彩色印刷股份有限公司
裝訂廠 / 台興裝訂廠
登記證 / 局版台業字第 2517 號
總經銷 / 黎銘圖書有限公司　電話 /（02）981－8089
本書獲作者獨家授權全球中文版
版權所有・不准翻印
著作完成日期 / 1991 年 9 月 15 日
出版日期 / 1991 年 11 月 15 日第一版第一次印行
定價 / 220 元

原著書名 / ***What They Still Don t Teach You at Harvard Business School***
by Mark H. McCormack
Chinese Translation Copyright © 1991 by Commonwealth Publishing Co., Ltd.
Copyright © 1991 by Mark H. McCormack Enterprises.
All rights reserved.
Original English language edition published by Bantam Books.
No part of this book may be reproduced or transmitted in any form or by any means, eletronic or mechanical, including photocopying, recording, or by any information storage and retrieval system, without permssion in writing from the publisher.
ISBN 957-621-145-X（原版　ISBN：0－553－05748－0）

※本書如有缺頁、破損、裝訂錯誤，請寄回本公司調換。

金石文化廣場

本　店：台北市汀州路782號 ☎：391-0205
城中店：重慶南路一段119號 ☎：381-5705
忠孝店：忠孝東路四段230號 ☎：751-8202
站前店：忠孝西路一段79號 ☎：381-0623
台大店：羅斯福路三段281號 ☎：363-3730
信義店：信義路二段196號 ☎：322-3361
永和店：永和路２段224號 ☎：922-1102
大直店：大直街６２巷２號 ☎：504-1020
淡水店：淡水鎮英專路４號 ☎：621-6066
中壢一店：中壢市建國路62號 ☎：422-8645
中壢二店：中壢市新生路57號 ☎：425-4651
台中店：中市三民路三段117-4號 ☎：229-8278